すぐに使える！
税務の英文メール

デロイト トーマツ税理士法人／ディレクター
Sam Reeves

税理士
中島礼子

デロイト トーマツ税理士法人／税理士
小林　誠

［著］

中央経済社

はじめに

　英文を読んで理解することはできるけど，書くのは苦手——税務に携わる方には，筆者も含めてこういう方が多いように感じます。それもそのはず。そのようなトレーニング・教育を受けていないのですから。

　そうはいっても，今や英語を避けていては業務が成り立たない，という時代になりつつあります。

　企業が海外進出すれば子会社との英語でのやりとりが必要となります。また，日本企業が海外企業に買収され，一夜にして「外資系企業」になるケースもあります。さらに，日本に居住する外国人の数も増加の一途をたどっています。

　このような状況下，本書では，税務に携わる方で，「英語でメール等を書くのが苦手」という方を対象に，英文メールの基本的な例文から，税務に関するさまざまな場面で使うと思われる英文例を紹介しています。

　これらは「文例」であって，税法の解説ではありませんので，特定のケースにそのまま使えるか否かは，英文を読んで各自でご判断頂き，適宜修正を加えてご利用頂くことになりますが，実務でよく使うポイントはそれなりにカバーできたのではないかと自負しております。

　本書が，英語に悩む税理士や企業の税務担当者の方の一助になることを願います。

　なお，本書の刊行にあたっては，デロイト　トーマツ税理士法人の山田真穀氏に多大なるご協力を頂きました。また，中央経済社の末永芳奈氏には，企画から書籍の構成，付録内容に至るまでさまざまなアドバイスを頂きました。この場を借りて深く御礼申し上げます。

平成29年9月

著者代表

税理士　中島　礼子

目　次

目
次

第１章　税務 ＋ 英語の必要性　　　　　　　1

第２章　英文メールの基本　　　　　　　　7

1 税務eメールの構成　8

2 件名，宛名，挨拶，結びの言葉（決まり文句）　10

　1　件名の文例　10

　2　宛名の文例　12

　3　挨拶の文例　13

　4　自己紹介　14

　5　結びの決まり文句　16

　　❶　結びの言葉　16

　　❷　結　語　17

3 本文のパターンは大きく４つ　19

　1　質問・業務依頼を行うパターン　20

　　❶　導入　21

　　❷　本文　22

　　❸　本文のまとめ　23

　2　質問に対する回答を行うパターン　25

　　❶　導入　28

　　❷　本文　28

　　❸　本文のまとめ（結び）　31

　3　質問内容の確認，回答内容に対する質問など　33

　　❶　回答の依頼や催促　34

　　❷　前提条件の確認　35

　　❸　進捗の管理　36

　　❹　回答内容に対する質問　37

　4　事務連絡・業務管理　39

❶ 報酬についてのやりとり　39

❷ 請求（受領する立場・送付する立場）　40

❸ 電話会議の設定　44

❹ ミーティングの設定　51

❺ 申告書の送付など　52

4 知っておくと便利な表現　55

1 お礼・賞賛・お祝い，謝罪やクレームなど　55

❶ お礼　55

❷ 謝罪やクレーム　57

2 異動・退職　59

3 メール送受信に関する表現　60

4 不在連絡，不在時の自動応答　62

5 その他役に立つ表現　63

第3章　海外親法人等とのやりとり　69

1 決算業務に関するやりとり　70

1 スケジュール調整等　71

2 税額計算についてのやりとり　73

❶ 税額計算についての質問　73

❷ 税額計算結果の送付・概要説明　77

❸ 税額調整項目の説明－流出項目　77

❹ 税額調整項目の説明－留保項目　82

❺ 過少資本対策税制・過大支払利子税制　84

❻ グループ法人税制　86

❼ 欠損金，税率，同族会社留保金課税　87

❽ 税額控除　90

❾ 地方税　90

2 日常業務に関するやりとり　93

1 源泉税一般・租税条約適用一般の説明　94

2 各種所得と源泉徴収　96

3 租税条約の適用に関する検討　99

4 租税条約の手続　100

5 日本支店の源泉税免除　102

6 税務調査　*104*

- ❶ 税務調査（税理士と会計担当者とのやりとり）　*104*
- ❷ 税務調査（日本子会社と親会社担当者とのやりとり）　*106*

7 税制改正についての説明　*109*

③ プロジェクトに関するやりとり　*111*

1 海外の会社が日本に子会社を設立する場合の税務のやりとり　*112*

- ❶ 日本の会社の形態の説明　*112*
- ❷ 日本の法人税課税，設立時の課税の説明　*114*
- ❸ 会社の設立手続の説明　*116*
- ❹ 会社設立の税務手続・設立時の資本金　*116*
- ❺ 青色申告について　*117*
- ❻ 会社設立と社会保険の手続　*120*

2 親子会社間の資金のやりとり　*121*

- ❶ 増資　*121*
- ❷ 子会社貸付　*122*
- ❸ 資本払戻し・自己株式取得　*124*
- ❹ 債務免除・DES　*127*
- ❺ 寄附金・国外関連者　*129*

3 日本子会社の組織再編成（含：子会社同士の合併）に関するやりとり　*131*

- ❶ 組織再編成・組織変更　*131*
- ❷ M&A，100%子会社化　*134*
- ❸ 連結納税　*135*

4 投資の終了に関するやりとり　*136*

- ❶ 株式譲渡　*136*
- ❷ 解散・清算　*138*

第4章　海外子法人等とのやりとり　141

① 決算業務に関するやりとり　*142*

1 スケジュール調整，計算書等の作成依頼　*142*

2 法人税額計算に関する質問　*144*

3 会計上の数値に関するやりとり（税効果会計含む）　*146*

4 現地税制についての質問　*149*

5 タックスヘイブン対策税制に関するやりとり　*152*

2 日常業務に関するやりとり　*156*

- 1 利子・配当・使用料に係る源泉税　*156*
- 2 税務調査への対応　*158*
- 3 税制改正に関する質問　*159*

3 プロジェクトに関するやりとり　*160*

- 1 会社設立　*160*
- 2 M&A，株式取得　*161*
- 3 各種資本取引（増資・減資・資本の利益組み入れ・自己株取得）　*162*
- 4 持株会社化の検討　*164*
- 5 組織再編成　*165*
- 6 株式譲渡　*166*

第5章　消費税に関するやりとり　167

- 1 制度の説明　*168*
- 2 課税区分　*170*
- 3 仕入税額控除　*176*
- 4 納税義務　*178*
- 5 電子通信利用役務　*180*

第6章　移転価格税制に関するやりとり　181

- 1 移転価格税制の説明　*183*
  - ❶ 日本親会社と海外子会社とのやりとり　*183*
  - ❷ 海外親会社への説明　*184*
- 2 移転価格文書化について　*186*
  - ❶ 日本親会社と海外子会社とのやりとり　*186*
  - ❷ 海外親会社への説明　*187*
- 3 事前確認制度　*189*
  - ❶ 日本親会社と海外子会社とのやりとり　*189*
  - ❷ 海外親会社への説明　*190*

v

第7章　日本居住外国人の税務に関するやりとり　193

1　所得税全般の説明　*194*

2　確定申告書作成にあたっての質問，資料請求，説明　*195*

　❶　事務的なやりとり　*196*

　❷　給与所得　*197*

　❸　配当所得・株式譲渡所得　*198*

　❹　利子所得　*201*

　❺　不動産所得　*201*

　❻　雑所得　*202*

　❼　譲渡所得（不動産）　*203*

　❽　退職所得　*205*

　❾　一時所得　*206*

　❿　医療費控除　*207*

　⓫　社会保険料控除　*208*

　⓬　生命保険料控除・寡婦控除　*208*

　⓭　配偶者控除・配偶者特別控除・扶養控除　*209*

　⓮　配当控除・寄附金控除・住宅借入金等特別控除　*211*

　⓯　外国税額控除　*213*

　⓰　申告・納税手続　*214*

3　出国の際の手続・出国税　*217*

4　相続税・贈与税　*218*

参考資料

資料1　税務，会計の省略語　*223*

資料2　各種届出書の英文名　*225*

資料3　法人税等の税額計算表と加減算項目英訳例　*228*

資料4　20XX年所得税計算書（要約）　*232*

資料5　法人税申告書英訳例（別表1⑴，別表4，別表5⑴，別表7⑴，別表17⑷）　*233*

資料6　消費税申告書英訳例（⓵消費税申告書，⓶付表2，⓷消費税の還付申告に関する明細書）　*239*

資料7　所得税確定申告書の英訳例（⓵確定申告書B第一表，⓶第二表，⓷第三表）　*242*

資料8　所得税確定申告の基本情報収集フォームの例（⓵確定申告に関する

質問表，②各種所得の明細）　*245*

資料9　日本の相続税の計算のしくみ　*254*

資料10　源泉徴収票の英語への変換例　*256*

目
次

【これは便利！】

略称

- 役職・担当業務の英訳　*18*
- 英文メールでよく使う略語（一般用語）　*38*
- 日本の会社・組織の略称　*120*
- 国ごとの会社の略称　*151*

サンプル英訳例等

- 見積りを提示する（見積りのサンプル）　*32*
- 報酬を報告する（報酬の報告サンプル）　*42*
- 請求を行う（請求書のサンプル）　*43*
- 英語で議事録を作成する（議事録のサンプル）　*46*
- 申告のガイダンス　*53*
- いろいろな依頼資料の英訳例　*76, 148*
- 源泉徴収の対象となる所得の英訳例　*103*
- 実効税率計算表の英訳例　*115*
- いろいろな種類の所得・諸控除の英訳　*216*

こんなときの表記

- 以上，以下，超，未満　*92*
- 「等」をどう訳すか　*110*
- 数値の記載と計算に関する頻出用語　*123*
- 英文での法人税法，条文番号の表記　*139*
- 箇条書きの書き方　*155*
- 通貨の表記　*161*
- e.g.とi.e.について　*204*

vii

目次

なるほど！　こんな時どうする？

- 名前から男性か女性か明らかでない場合の対応　12
- 英語のニックネームの難しさ　17
- 電話会議でのお役立ちフレーズ集　47
- 時差の確認　50
- 日付の表記－イギリス英語とアメリカ英語で順番が違う!?　54
- お役立ちウェブサイト　67
- 青色申告について　119
- 非課税取引の範囲　175

●単語集　257

第1章

税務 ＋ 英語の必要性

1 もはや英語なしで税理士業務・経理業務はこなせない？

「英語は苦手だから，税理士資格をとることにした」

かつては，税理士になる人には，英語は苦手，という人も少なくありませんでした。実際，業務においても，英語を使う必要などない，というのがほとんどで，英語を日常的に使うのは，一部の国際的事務所の職員に限られていました。

事業会社で経理を担当している方にしても同様です。いわゆる外資系企業やグローバル企業でなければ，経理部の方が英文メールに習熟している必要性はありませんでした。

しかしながら，最近は，次のような声を耳にします。

税理士Aさん：「海外進出など想定していなかった顧客が海外に進出することになった」

経理部Bさん：「会社が外国企業に買収され，一夜にして外資系企業になってしまった」

今や，ボーダレス化，日本独自の文化と思われたスーパー銭湯も海外進出する時代，街のスーパーも外資系に買収される時代です。日本国内のみで完結しつつ成長できる事業のほうが少ないと考えたほうが良いのかもしれません。

2 「英語逃げ切り」世代は50歳代まで？

このような状況においては，税理士業務・経理業務も将来にわたってずっと英語を使わずに済む，というわけにはいきません。

仮に税理士が「英語が必要な業務は一切引き受けない」とした場合，業務の先細りは目に見えています。

筆者は，税理士が「英語を使わずに逃げ切れるか」という点については，年代別に次のようになるとに考えています

現在の年齢		英語を使わない場合の業務
55歳	➡	なんとか逃げ切れる。
45歳	➡	やや先細り。特殊分野への専門性があれば逃げ切れる。
35歳	➡	先細り。英語を回避するのであれば，特殊分野への専門性が必須。
25歳	➡	ほぼ逃げ切れない。逃げ切る策を練るより，英語への対応策を考えた方が早い

　経理担当者の場合，ある意味もっと深刻です。今勤めている会社が，外資系企業に買収されたら，明日から英語で試算表を提出し，本部経費の付け替えについて英語で相談し，取得した固定資産の減価償却方法について英語で説明しなくてはならないのです。

　逆のケースもしかりです。会社が海外子会社を買収すれば，その海外子会社の経理担当者から経理の方針についてヒアリングをしなくてはなりませんし，決算数値の内容についてもいろいろ確認する必要が生じます。

　経理担当者の場合，自分がコントロールできないところで，「英語の必要性」が生まれるため，この点，税理士に比べて大変であるとも言えるでしょう。

> 税務担当者が英語から逃避できる時代は終わりつつある

3　税務の英語のむずかしさ

　海外の方と英語でコミュニケーションをとる際の難しさは，文化のギャップを含めていろいろとありますが，税務に関して特に難しい点を挙げるとすればそれは，**概念の相違**であると考えられます。

　会計分野については，その基礎となる考え方は，少なくとも先進国においてはある程度共通しています。しかしながら，税務の場合，「根本的に発想が違う」「ベースとなる慣行が異なる」といったことがあり，その根本の部分を説明しておかないと，意図が通じない，思わぬ誤解を招くことがあります。

筆者自身，昔，このような経験をしたことがあります。

あるとき，記帳が適切に行われていない日本法人があり，その親法人（米国）の担当者に，「このままだと，青色申告が取り消されてしまいます」とお知らせをしました。すると担当者（米国人）からは，「申告書の色が変わって何が悪い？」という反応が返ってきました。

青色申告制度のない国の方には，その制度説明から行わなくてはいけなかったのに，それを怠ったために発生したミス・コミュニケーションでした。

逆に，日本に存在しない海外の制度については，基本的な枠組みを説明してもらわずに，細かい留意点を教えてもらっても全く理解ができない，といったことがあります。こうした場合は，恥ずかしがらずに，その根本から教えてもらう，あるいは，説明資料を提供してもらわないと，大きな判断間違いをしかねません。

海外の法制度・税制について照会をするときは，「ウザいと思われてもいいからしつこく食い下がる」という姿勢が必要でしょう。

4　税務の英語，実はラクな一面も

このように書いてしまうと，英語など使わずに，一生を「ドメドメ」で過ごしたくなってしまうかもしれません。しかしながら，税務に関する英語は，ある一面でとってもラクな部分もあります。

■税務英語ここがラク！　言い回しは定型的，単語も限定的

テーマが税務なので，究極的には，①課税される・されない，②どんな手続が必要か，の2点に絞られます。

したがって，必要な単語や表現の種類はおのずから限定されます。

日常会話で，プロ野球中継やTVドラマの内容を話そうと思えば，いろいろな語彙が必要となってきます。例えば次の文。

「中継ぎの鈴木投手がしっかり押さえたのが勝因だね」

「主人公が記憶喪失になるなんて嘘っぽくてマジ冷める」

「中継ぎ」「押さえ」「勝因」「記憶喪失」「冷める」…筆者はどれも英語で言えません。

一方，税務に関するメールで登場する言い回し・単語は，日常会話や小説に比べれば，限定的・定型的なもので済みます。

したがって，過去のやりとりにおける文例を参照しながら，文章を作っていくことが可能です。

■税務英語ここがラク！　共通のバックグラウンドがある

通常，メールを送る相手も，（現地の）税務のプロフェッショナルですから，全くの素人の方に日本語で説明するよりもラクな場合もあります。例えば，「資産を法人間で移転する」といえば，「キャピタルゲインは認識するのか」「キャピタルゲインはどうやって計算するのか」「税率はどうなるのか」といった具合に，お互いに論点が想定できます。そして，言語での説明が難しい場合，「仕訳で示す」といった手段も採用し得ます。専門家同士でのやりとりは，時として，とても容易になるのです。

5　本書の利用方法

(1)　構　成

本書の構成はおよそ以下の通りとなっています

第2章	英文メールの基本	メールの構成や，あいさつ・お礼など，各シーンに共通して頻出する言い回しについて説明しています。
第3章〜第7章	シチュエーション別の英文例	シチュエーション別に，具体的な税務の内容に関する文例を紹介しています。 3章：海外親法人とのやりとり 4章：海外子法人とのやりとり 5章：消費税に関するやりとり 6章：移転価格税制に関するやりとり 7章：日本居住外国人の税務に関するやりとり
参考資料	各種資料	いろいろな省略語や申告書フォームの英訳例，所得税確定申告の基本情報収集フォームなど，実務に役立つと思われる資料やフォームを掲載しました。

また，1つの事項がいろいろな分野に関係している場合については，1か所に掲載の上，他のところでは参照箇所を示しました。

(3)　単語集

巻末に税務特有の単語集を設けました（p.257〜）。

⑷ 実務上のいろいろな留意点

　金額の表記方法等，実務上のいろいろな留意点などをコラム（「これは便利！」「サンプル」「なるほど！」）に記載しました。コラムも目次に示しましたので，ご利用下さい。

6　ご留意頂きたいこと

　本書は，主に「税務関連の英文メールを書かなければならないけど，うまく書くことができない」という方を対象に，いろいろなシーンごとに文例を挙げています。

　ここで，本書に掲載しているのは，あくまで「文例」であって，日本の税制の解説を行っているわけではないことにご留意下さい。

　文例をそのままコピーして使用できる場合もあるかもしれませんが，相手に伝えるべき内容として適切であるか，ご自身で判断し，必要に応じて補足・修正してご利用下さい。なぜなら，相手からの質問の意図や質問の前提となる事項によって，回答すべき内容とその深度は変わってくるからです。

　したがって，回答すべき内容はご自身で決定の上，その英文作成の参考として本書をご利用下さい。

　また，英文メールとしての自然な英語を例文とするため，英文例は日本語の逐語訳とはなっていない点もご注意下さい。「こんなことを言いたい場合，こんな英文があるよ」というサンプルとして捉えて頂ければと思います。したがって，記載した英文例は，日本語に対しての1つの例示であり，唯一の「正解」ではありません。

　また，同じ日本語に対しても状況に応じてさまざまな英語の表現があることから，本書において，それらの統一はしておりません。

　なお，文中意見にわたる部分は筆者の私見であり，所属する組織の公式見解ではない点をあらかじめ申し添えます。

　本書が，英語に悩む税務担当者の皆さんの参考になれば幸甚です。

第 **2** 章

英文メールの基本

税務のメールといっても，英文メールとしてのいろいろな約束ごと
を理解しておく必要があります。
本章では，英文メールにおけるさまざまなルールを，税務に関する
メールを送付することを念頭に解説します。

【本章の構成】
1：税務eメールの構成　p.8
2：件名，宛名，挨拶，結びの言葉（決まり文句）　p.10
3：本文のパターンは大きく4つ　p.19
4：知っておくと便利な表現　p.55

1 税務eメールの構成

　税務に関するメールも，そのほかのビジネスメールと同様，あいさつ→導入→本題→結び→結語という構成で記載するのが一般的です。以下に簡単な税務のメールを記載してみます。

メールの基本的構成

To：	
Cc：	
Subject：	

Dear Mr. Anderson,　　　　　　　　　　　　　　①宛名

My name is Hanako Tanaka. I'm a tax manager from the Tokyo office.　　　②自己紹介，挨拶

初めてのメールで仕事を依頼するときの文章を入れる　　③本文
導入→本題→結びの順になっていること　　　　　　　　導入

　　　　　　　　　　　　　　　　　　　　　　　　　　本題

　　　　　　　　　　　　　　　　　　　　　　　　　　結び

Regards,　　　　　　　　　　　　　　　　　　④結語

Hanako Tanaka
Tax Manager
ABC Tax Co
ABC Building 8F, x-x-x Marunouchi,
Chiyodaku, Tokyo, Japan
Te: +81-3……
htanaka@abctax.co.jp

① 宛名

　フォーマルの場合は「Dear Mr.（Mrs.）名前」の形で始めます。敬称は，男性の場合Mr.，女性の場合Mrs.を使用し，名前は海外の相手先の場合にはファーストネームを用いることが一般的です。親しい間柄の場合には，ファーストネームのみ，あるいは，“Hi＋名前（ファーストネーム）”で始めることもあります。☞文例はp.12〜参照。

② 自己紹介・挨拶

　初めてメールをする場合には簡単な自己紹介からスタートします。また，「お元気ですか」「メールありがとうございます」といった簡単な挨拶を入れることもあります。☞文例はp.13〜15参照。

③ 本文

　導入→本題→結び の順に書き進めます。

　導入：「xxの件でメールいたしました」等，メールした用件の概要を伝えます。☞文例はp.16，p.21〜

　本題：質問をするとき，回答を行うときなど，それぞれの状況によってある程度のパターンがあります。
　　　　また，電話会議の議事録などにもある程度のパターンがあります。☞文例はp.22〜参照。

　結び：本題の後に，「よろしくお願いします」や「お返事お待ちしております」といった結びの文を入れます。
　　　　　☞文例はp.17，p.23〜参照。

④ 結語

　「Yours sincerely」や　「Regards」といった決まり文句が入ります。
　☞文例はp.17参照。

2 件名，宛名，挨拶，結びの言葉（決まり文句）

【本節の構成】
1 件名の文例 p.10
2 宛名の文例 p.12
3 挨拶の文例 p.13
4 自己紹介 p.14
5 その他決まり文句 p.16
  ❶ 結びの言葉（p.16）
  ❷ 結語（p.17）

1 件名の文例

まずは件名からスタートしましょう。堅苦しく考える必要はなく，Request for...や，Notification of...で依頼なのか，連絡なのかを明らかにし，それに本書で出てくる表現や語句と組み合わせればよいのです。また，自分が後々検索しやすいように，プロジェクト名や会社名などを「xxxx/ABC Company」と入れてしまうのも手です。メールの数だけ件名もあるので，ここではほんの一例を取り上げてみましょう。

依頼の件名	
2017年タックスパッケージ提出のお願い	Request for FY* 2017 tax package ＊FY=fiscal year（p.223参照）
☐ の関連資料の提出のお願い	Request for supporting documents relating to ☐
税務調査の結果の報告の依頼	Request for the result of the tax audit
居住者証明の取得依頼	Request for the certificate of residency
電話会議出席のお願い	Invitation for conference call
対応依頼：確定申告書の作成スケジュールのアップデート	Action required: Updated tax return preparation schedule

質問・連絡・報告の件名	
Project Blueの進捗状況について	Status update for Project Blue
税務調査の状況に関する質問	Tax audit status inquiry
配当支払に関する確認事項	Confirmation of dividend distribution
日本の資金還流について	Japan cash repatriation
ABC社より時節のご挨拶	Season's greetings from ABC Company

打ち合わせ・スケジュールの件名	
ミーティングのご連絡（確認）	Confirmation of meeting
税務調査のスケジュール（について）	Upcoming tax audit schedule
xxxのミーティングの時間変更（について）	Change in time for xxx meeting
11月の研修プログラムに係る諸連絡	Logistics information for November training program
2017決算のキックオフミーティング	Kick-off meeting for 2017 year-end close

人員／組織異動・担当者変更などの件名	
人員異動のお知らせ	Notification of personnel transfer
昇進のお知らせ	Notification of promotion
メールアドレス変更のお知らせ	Notification of change of email address
本社事務所移転のお知らせ	Notification of relocation of headquarter offices
組織再編のお知らせ	Notification of reorganization

2 件名、宛名、挨拶、結びの言葉（決まり文句）

> 一目で何のメールか分かるように，件名は，本文の内容を反映して簡潔に書くことが大切です。

> 具体的な内容の前に，以下のような頭出しを入れることもあります。
> 【URGENT】
> 【Action Required】
> 【Reminder】

2　宛名の文例

　メールの書き出しは宛名を書くことから始まります。ここでは，いくつかの
パターンを記載しておきます。

宛　名	
フォーマル：[　　　]さん	Dear Mr. [姓], / Dear Ms. [姓], （例：Dear Mr. Andersen,）
ビジネス一般：[　　　]さん	Dear [名], （例：Dear Daniel,）
親しい間柄	名前のみ，Hi / Hello [名] （例：Daniel, Hi Daniel,）
担当者名が不明な場合	Dear Sir / Madam, / Dear [役職名] （例：Dear Tax Manager,）
担当者全員に向けて。各位 / 皆様	Dear all / Hi all / Hello everyone

こんな時どうする？　名前から男性か女性か明らかでない場合の対応

　日本人の名前であれば，名前から性別がある程度の推測がつきますが，海外
の名前については名前から性別の推測がつかないことも多く，Mr.とMs.のいず
れを使用すべきか，頭を悩ますことがあります。

　このような場合の対応策の１つは，「Smith-san」というように，「san」を
使用することですが，日本にあまりなじみのない方に対しては「san」を使いに
くいのも事実です。

　そこで，活用したいのがインターネットの名前検索サイトです。

http://www.behindthename.com/

　このサイトでは，名前を打ち込めば，その名前の性別（gender）が，一般的
に女性（Feminine）であるのか，男性（Masculine）であるのかが表示されます。
もちろん，マイナーな名前についてはフォローしきれていない部分もあるよう
ですが，一般的な名前はおおむね登録されているようです。

　最近はSNSを使っている人が多いので，FacebookやLinkedInなどに名前を
打ち込んでみると思いがけず本人が出てくるということもあります。

3　挨拶の文例

　宛名の後には簡単な挨拶が入ることが多いです。挨拶文自体には、さほど深い意味はありません。日本語のメールで一般的な、「お疲れ様です」「いつもお世話になっております」といった書き出しと基本的な役割は同じです。

挨　拶	
お疲れ様です。	訳文なし（Hi, Helloなどで代用）
いつもお世話になっております。	訳文なし（Thank you for your emailなどで代用）
最近はいかがお過ごしでしょうか？	How are you doing these days?
お元気でお過ごしのことと思います。	I hope you are well.
ビジネスは好調のことと存じます。	I hope the business is good at your end.
メールをどうもありがとうございます。	Thank you very much for your email.
返信が遅れて申し訳ありません。	I apologize for the late response.
先日はミーティングでお会いできてうれしく存じます。	It was a pleasure to meet you the other day.
先日はお電話でお話できてうれしく存じます。	It was a pleasure to talk with you the other day.

常に対応する英訳があるとは限らないので要注意！

4 自己紹介

初めてメールをする場合，自分の氏名と役職を説明することが一般的です。
また，相手の名前をどうやって知ったのか（誰の紹介を受けたのかなど）を述
べることも多くあります。

自己紹介	
私は東京にあるXYZ社の山田太郎と申します。	By way of introduction, I am Taro Yamada of XYZ of Tokyo, Japan.
私の名前は山本太郎といって，ABCコンサルティングの税務マネジャーです。	My name is Taro Yamamoto and I'm a tax manager at ABC Consulting.
初めてご連絡させて頂きます。	I am writing this email to you for the first time.（※入れないことが一般的）
突然のメールにて失礼いたします。	訳文なし（※入れないことが一般的）
私は田中一郎といって，XYZ社を何年か担当しています。	I am Ichiro Tanaka and I have been assisting XYZ Company for a number of years.
XXさんから紹介を受けました。 （XXさんがあなたを推薦しました。）	Mr. XX recommended contacting you.
あなたの名前は会社のイントラネットで知りました。	I found your name on the company intranet.
あなたが正しいコンタクトでなければ，適切な人にメールを転送いただけると助かります。	If you are not the correct contact, we would be most grateful if you can forward this email to the appropriate person.
（自己紹介）鈴木さんの下でABC社向けのコンサルティング業務をしています。	I have been working with Mr. Suzuki with regards to consultation work for ABC Co.
4月から鈴木さんの業務を引き継ぐことになりました。	I am taking over Suzuki san's role / I will be replacing Suzuki san from this April.
私は税務部に所属し，移転価格分析の責任者です。	I work in the tax team and am responsible for transfer pricing.
4月までは経理部に所属しており，米国基準での連結決算を作成していました。	Prior to April I worked in the accounting department and prepared consolidated financial reports under US GAAP.

私は東京本社からの研修生として，出向でこちらに来ました。	I am seconded here as a trainee from the company headquarters in Tokyo.
私は日本の税理士（公認会計士）の資格を持っています。	I am a Japanese Certified Tax Accountant (Certified Public Accountant)．
（メールにCcされていることを前提に）課長の山田（同僚の山田）を紹介します。	I would like to introduce my manager（my colleague）Mr. Yamada, who is copied on this email.
あなたが意図したメール受信者と異なる場合，ただちに送信者に連絡の上このメッセージを削除して下さい。	If you are not the intended recipient, please advise the sender immediately and delete this message.

また，連絡の相手先がいつもお世話になっている相手，過去にも一緒に仕事をしたことがある相手なら，一言キャッチアップのフレーズを入れておくとやり取りがスムーズに進みます。

久しぶりにメールする	
（定期的なコンタクトに対して）（毎月・毎四半期の決算作業につき）いつもサポートして下さりどうも有り難うございます。	Thank you very much for your continuous support on the（monthly / quarterly book closing procedure）．
以前プロジェクト・ブルーの件で一緒に仕事をさせて頂きました。	As you recall, we worked together some time ago on Project Blue.
（本件につき）以下の事項も（実施を）お願い致します。	As a next step, we would like to request the following:

■ 自己紹介の後は…

自己紹介の後はメールを書くに至った用件を記載します。文章は短文で簡潔に相手に伝わることが好まれます。

用件の概要	
税務申告に必要な情報を依頼するためにメールさせて頂いております。	I am writing to request information required for the tax return.
このメールでプロジェクト・ブルーの概要を簡単に説明したいと思います。	I am writing to provide an outline of Project Blue.
このメールで12月10日の電話会議でディスカッションした内容を記録します。	This email documents the matters discussed during our conference call on December 10th.

5　結びの決まり文句

1　結びの言葉

　結びの言葉はシンプルに。感謝の言葉やお礼の一言を添えて，相手への敬意を示しましょう。

結びの言葉	
ご理解のほどよろしくお願い致します。	Thank you very much for your understanding.
ご協力のほどよろしくお願い致します。	We greatly appreciate your support.
ご容赦のほどよろしくお願い致します。	Thank you for your patience.
ご協力をどうもありがとうございます。	Thank you very much for your assistance.
質問があればご連絡下さい。	Please let us know if you have any questions.
お返事をお待ちしています。	I look forward to hearing from you.
またお会いできるのを楽しみにしています。	We look forward to seeing you again.
チームメンバーの皆様にもよろしくお伝え下さい。	Please give my best regards to the other team members.
よい週末 / 休暇をお過ごし下さい。	Have a nice weekend / vacation.
ご自愛下さい（お体に気を付けて）。	Please take care of yourself.

2 結 語

結語は日本語のメールでいえば「よろしくお願いします」にあたるもの。メールの最後に締めとして入れるものです。決まり文句ですので入れておきましょう。

締め（メールの最後に）	
よろしくお願い致します。	Best regards
●（フォーマルな言い方）	■ Truly yours / Yours sincerely
●（カジュアルな言い方）	■ All the best, / Best wishes, / Best,
●（一般的）	■ Regards, / Kind regards, / Best regards,

こんな時どうする？ BobとRobertは同一人物？
英語のニックネーム（名前の短縮形）の難しさ

英語圏の方とメールなどをやり取りしていると，その愛称のわかりにくさに戸惑うことがあります。

例えば，国籍混合チームで仕事をしているときに，誰かが「Hi, Bob」とメールで発言したとします。日本人的には「Bobなんてメーリングリストの中にいないけど…」，と思うわけですが，実は「Robert」さんが「Bob」と呼ばれていたりするわけです。

この他，わかりにくい例としては，「William」が「Bill」に，「Elizabeth」が「Betty」，「Margaret」が「Peggy」になる例が挙げられます。

ちなみに，ビル・クリントンの本名は，ウィリアム・クリントンなのだそうです。大統領が愛称で呼ばれる……日本人の感覚からすると，不思議に思えますね。

わかりにくいニックネームの例

本名	ニックネーム
William	Will, **Bill, Billy**
Robert	Rob, **Bob, Bobby**
Elizabeth	**Beth, Betty**
Margaret	Meg, **Peg, Peggy**
Katharine	**Kate**, Katie, Katy, Kathy
Edward	Ed, Eddy, Eddie, **Ted**

2

件名、宛名、挨拶、結びの言葉（決まり文句）

17

役職・担当業務の英訳　Job title and assignment

　実務の現場でもよく出くわすであろう役職と、担当業務の一覧を以下に記載します。名刺（business card）を交換していればそれに従うのが一番ですが、海外では名刺文化がないこともしばしば。初めて交換するメールには相手も気遣ってジョブタイトルや部署、連絡先などを入れてくれることも多いので、保存しておくように心がけましょう。なお、下記はあくまで一例で、役職や担当業務の呼称は会社によっても異なるので気を付けましょう。

【役職の英語】

日本語	英語
最高経営責任者	CEO (Chief Executive Officer)
最高財務責任者	CFO (Chief Financial Officer)
最高管理責任者	CAO (Chief Administrative Officer)
役員	Director
財務部長	(Finance) Controller / General Manager
課長	Manager / Vice President
課長補佐	Assitant Manager
主任	Supervisor
シニアスタッフ	Senior Staff
インターン	Intern
派遣社員	Temporary Staff
秘書	Secretary / Business Assistant

【担当業務の英語】

日本語	英語（in charge of… などで表現）
法人税申告書作成	Preparation of corporate tax return
消費税申告書作成	Preparation of consumption tax return
移転価格	Transfer Pricing
海外税務	International Tax
M&A	M&A (Mergers and Acquisitions)
タックスプランニング	Tax Planning
連結納税	Consolidated Tax Return Filing
財務（特に資金管理）	Treasury
在庫管理	Inventory Control
財務会計	Financial reporting
管理会計	Management reporting
有形固定資産	PPE (Property, Plant and Equipment)
（月次／四半期／年次）決算対応	(Monthly / Quarterly / Annual) Book Closing
パッケージ対応	Tax Package Control
内部監査	Internal Audit / Internal Control
税務調査	Tax Audit

Vice President って副社長だと思ってましたが違うんですね！

3 本文のパターンは大きく４つ

　さて，次はいよいよ一番大事な本文です。税務関係のメールは，その内容からおおむね以下に大別できるものと思われます。

　１～４の内容はさまざまであるものの，メールの書き方にはある程度のパターンがあります。

```
【本節の構成】
1　質問・業務依頼を行うパターン　p.20
　❶　導入（p.21）
　❷　本文（p.22）
　❸　本文のまとめ（p.23）
2　質問に対する回答を行うパターン　p.25
　❶　導入（p.28）
　❷　本文（p.28）
　❸　本文のまとめ（p.31）
3　質問内容の確認，回答内容に対する質問など　p.33
　❶　回答の依頼や催促（p.34）
　❷　前提条件の確認（p.35）
　❸　進捗の管理（p.36）
　❹　回答内容に対する質問（p.37）
4　事務連絡・業務管理　p.39
　❶　報酬についてのやりとり（p.39）
　❷　請求（p.40）
　❸　電話会議の設定（p.44）
　❹　ミーティングの設定（p.51）
　❺　申告書の送付など（p.52）
```

※このほか，電話会議で役立つフレーズについてはp.47～を参照。

1 質問・業務依頼を行うパターン

　最もオーソドックスな質問の形式としては，まず背景を説明の上，事実関係，質問を並べる，という形があります。

　下記の例ではこの他に，回答期限を示すとともに，見積りを要求しています。以下に①および③の部分の文例をp.21〜に示しました。

Ronald,

We have an opportunity to provide tax services to XYZ Inc.,
a manufacturer of electric devices. XYZ has a subsidiary in China which
is facing some tax issues and we would like you to request your support.
（この度，我々は電子機器メーカーであるXYZ社に税務サービスを提供
することになりました。XYZ社は中国に子会社を有していますが，い
くつかの税務上の問題を抱えており，これに関してあなたのサポート
をお願いする次第です。）　　　　　　　　　　　　　　──①導入

１．Background （背景）
✓　xxxxx
✓　xxxxx
✓　xxxxx
　　　　　　　　　　　　　　　　　　　　　　　　　──②本文
２．Inquiries （質問）

３．Due date: May 10, 20xx （期限：20xx年5月10日）

Before commencing the work, please provide us with your fee estimate
by April 15, 20xx. （作業を開始する前に，4月15日までに見積りをお願いします。）

We appreciate your assistance. Please contact us if you require any
questions.
（ご助力ありがとうございます。質問がありましたら，いつでも　　──③本文の
ご連絡下さい。）　　　　　　　　　　　　　　　　　　　　　　　　　まとめ

Kind Regards,

Taro,

---

1 導入

まずは導入部分で，依頼する業務の内容を簡潔に説明しましょう。どのような背景のもと，相手に何を聞きたい（依頼したい）のかを記載します。

質問や業務の依頼をする	
☐について教えて下さい。	We would like to request your input on ☐.
以下の作業に関して，あなたにお手伝い頂きたいのです。	We request your assistance to perform the following tasks:
XYZ社から下記のようなリクエストが来たので，あなたにはこのうち米国に関する質問を担当願いたいと思います。	We've received the following request from XYZ corporation and would like you to handle the question regarding the United States.
このたびABCという会社から，ABCのシンガポール在住の代表取締役の税務ポジションについての分析の依頼を受けました。	ABC Company has recently requested an analysis of the tax position in connection with their representative director in Singapore.
（社内の同僚向けに）お力を貸して頂けないでしょうか。	I am wondering if you could help me out.

左ページの例のように，英語のメールはいきなり用件から入ることも多いです。

文頭に自己紹介・挨拶・用件の概要を入れる場合の文例はp.14-16をご参照下さい。

3 本文のパターンは大きく4つ

2 本 文

　次に本文ですが，記載ぶりは質問内容によって大きく異なります。業務ごとの具体的な文例は，第3章以降でパターン別に記載していますのでここでは割愛しますが，重要なのは，相手に明確に，かつ簡潔に伝えるということです。そこで，依頼する際には，分析の前提，質問内容，あるいは業務スコープをBullet point（箇条書き）で記載することをお勧めします。

前提条件や質問の骨子	
前提条件は以下の通りです。 (1) xxxx, (2) xxxx, (3) xxxx	Our assumptions are as follows: (1) xxxx, (2) xxxx, (3) xxxx
そこで，我々の質問は以下の通りです。 (1) xxxx, (2) xxxx, (3) xxxx	Therefore, we wish to ask the following: (1) xxxx, (2) xxxx, (3) xxxx
我々の業務スコープは以下の通りです。 xxxx	Our scope of work is as follows: xxxx
その2社につき以下の作業を行うにあたりあなたの助けが必要です。 (1) xxxx (2) xxxx	We require your assistance in performing the following tasks for each of the two entities: (1) xxxx, (2) xxxx
添付のフォームに記載して下さい（タックスパッケージやいくつかのオフィス，国に対する統一的な調査を想定）。	Please complete the attached form.

3　本文のまとめ

　最後に本文のまとめを記載します。まとめといっても質問や依頼の内容を繰り返すのではなく，いつまでに回答が欲しいか，フィーの見積りをどうするか，業務を受けるにあたってのコンフリクトがないかといった業務のロジスティックス的な部分を記載することが一般的です。

提案書，報酬，タイムラインなど	
まずは提案書を作成し，提出して下さい。	First of all, please prepare and submit the proposal.
提案書にはプロジェクトメンバーのレジュメ（履歴書）と過去案件の実績を入れるようにして下さい。	Please include CVs for the project members and your credentials in the proposal. （CV=curriculum vitae，履歴書）
プロジェクト・ブルーについて見積りを出して下さい。	Please provide a fee quote for Project Blue.
この仕事は3,000ドルを上限にして下さい。	We would appreciate it if you could cap your fees at USD 3,000.
資料依頼リストを送って頂けますか。	Could you please provide the information request list?
資料については入手次第送付致します。	We will send you the materials as soon as they become available.
⬜ の公式ウェブサイトを送って下さい。	Please send URL for the official websites of ⬜.
適用となる全ての租税条約の様式のPDFのコピーと英語の翻訳を提供して下さい。	Please provide PDF copies and corresponding English translations for all applicable tax treaty application forms.
クライアントからの資料を添付しました。	Attached are the documents that we obtained from the client.
添付がクライアントからの（追加）情報（資料）です。	I attach (additional) information/documents provided by the client.
業務スコープ，報酬，スケジュールにつき問題がないかを確認の上，速やかにこのメールに返信して下さい。	Please confirm whether you agree to the scope of work, fees and deadline by way of reply to this email at the earliest possible stage.

（Due Dateの設定で）締切りがやや厳しいので，3月10日（水曜）のそちらの業務時間終了時までに作業を完了させて下さい。	We have a rather tight deadline and therefore we wish to have the work completed by COB March 10 (Wed) your time. (COB=close of business)
我々がお知らせするまではスタートしないで下さい。	Please do not start the work until we notify you.
プロジェクトを始める前に独立性のルールに照らして業務が提供可能か，確認します。	Before we start the project we would like to confirm that the services are permissible under our independence rules.
他に何か質問や，懸念点はありますか？	Do you have any questions or concerns?
不明点があったら言って下さい。	Please let us know if you have any questions.
追加情報が必要な場合は遠慮なく言って下さい。	Please do not hesitate to ask if you have any questions.
どうもありがとうございます。	Thank you very much / Many thanks.
本件に関してサポートして頂きありがとうございます。	Thank you very much for your assistance on this matter.
親切に助けて頂きありがとうございます。	Thank you very much for your kind help.

2　質問に対する回答を行うパターン

　税務の質問に対する回答には，単純に答えを記載するものと，前提を整理した上で分析結果を記載するものがあります。前者は比較的シンプルな質問に対する回答，後者は複雑あるいは重要度の高い案件の回答などで用いられます。また，後者において，分析部分が長くなる場合は，結論を先に書いてから分析を記載すると効果的です。

【前提を記載しない場合（シンプルな質問・回答のケース）】

　回答のみを記載する場合，どのメール（どの質問）に対する回答であるかを明確にしておく必要があります。以下の例では，メールの日付を記載していますが，メールに返信する場合で，どのメール（どの質問）に対する回答であるか明らかである場合には，特段日付を記載しない方法もあります。

パターン①：回答に対応するメールを明示する形

Jason,

回答が対応する質問および前提条件が，
どのメールにあるか明らかにしておく

Thank you for your email dated October 16, 20XX. Our responses to your inquiries are outlined below：
（20xx年10月16日付のメール，ありがとうございます。以下がご質問に対する回答です。）
———①導入

Q1：xxxxxxxx
Q2：xxxxxx
———②本文（回答のみ）

Please let us know if you would like the matter to be investigated further.
（本件につき更なる調査が必要でしたらお申し付け下さい。）
———③結び

Kind regards,

Taro,

25

パターン②：回答に対応するメールを明示しない場合（対応するメールが明らかである場合）

```
Jason,

Please find our comments in respect of your inquiry below.
（以下が頂いた質問に対する回答です。）          ─①導入

xxxxxxxxxxxx
xxxxxx                    ─②本文（回答のみ）

Please let us know if you have any further questions.
（ご不明点等ございましたらお知らせください。）    ─③結び
Kind regards,

Taro,
```

パターン②のような形を使えるのは，原則として1つのメールに対してそのまま回答する場合のみです。

事実関係/前提条件の確認メールのやりとりをした場合には，確認した内容をきちんと整理して記載することが大切です（パターン③参照）。

パターン③：前提を記載する場合（複雑な質問のケース）

Jason,

Further to your request, we are pleased to provide you with a high
level analysis of the implication of the proposed transactions from a
Japanese tax perspective. Please note that our analysis is based upon the
facts and assumptions laid out below and any divergence from those facts
and assumptions may impact our conclusion.

①導入

ご依頼に基づき，提案された取引に係る日本における課税関係につ
いて，概括的な分析を行いましたのでご報告申し上げます。これらの
分析は，頂戴した事実関係や前提条件に基づいており，これらが異
なれば分析結果に影響が生じる可能性がある点ご留意下さい。

1．Facts and assumptions（事実関係/前提条件）
✓　xxxxx
✓　xxxxxxx

2．Question (s)（ご質問）
✓　xxxxxxx?

②本文
Facts/Assumptions
（事実関係・前提）
→Question（質問）
→Conclusion（結論）
→Analysis（分析）

3．Conclusion（結論）
　　xxxxxxx

4．Analysis（分析）
　　xxxxx

If you have any questions, please do not hesitate to contact us.
（本件につきご質問がございましたら，お気軽にご連絡下さい）
Kind regards,

③結び

Taro,

3

本文のパターンは大きく4つ

27

1 導　入

　まずは導入部分で，依頼を受けたことに対するお礼を述べるとその後の印象がよくなります。提案を行った相手や，ミーティングを持った相手，あるいは過去に別の業務を行ったことのある相手ならそれを引き合いに出すとよいでしょう。p.13で記載した挨拶と似たものになることが多いと思います。

依頼に対するお礼	
Eメールをありがとうございます。	Thank you very much for your email.
先日はお時間をどうもありがとうございました。	Thank you very much for your time the other day.
ご連絡頂き大変うれしく思います。	It is great to hear from you.
お問い合わせありがとうございます。	Thank you very much for your inquiry.

2 本　文

　質問をする場合と同様，記載ぶりは質問内容によって大きく異なります。タスクごとの文例は，第2章以降でパターン別に記載していますのでここでは割愛しますが，ここではその前段階，業務を引き受けるかどうかのやり取りや，回答を送付する際のやり取りについて記載します。

質問・業務の受入れや断り

質問を受ける（会社の税務担当者の場合）	
（自己紹介として）私は山田といって，会計部門の部門長です。	By way of introduction my name is Yamada and I am acting as a division leader for the accounting department.
その点につきましては，担当者に確認の上，ご連絡申し上げます。	I will check that point with the person in charge and get back to you.
ご質問の件につきましては，こちらの税理士に確認の上，ご連絡申し上げます。	With regard to your question, I will ask our tax accountant and get back to you.
業務を受ける（専門家の場合）	
（依頼に対するお礼で）プロジェクト・ブルーの作業にあたり，我々にご依頼頂きありがとうございます。	Thank you very much for requesting our support on Project Blue.
（見積りをして）それには100万円程度かかるものと見積もっています。	We estimate the fees will be JPY 1,000,000.

チームメンバーを確定した上でスケジュールは折り返し連絡します。	We will assign our project team and get back to you regarding the schedule.
プロジェクト・ブルーの業務範囲の確認をさせて下さい。	I wish to confirm our scope of work for Project Blue.
意見書とメール，どのような形での回答がご希望でしょうか。	How would you like us to submit our response, by opinion memo or email?
その予算であれば，スコープを以下のように絞りたいと思います。	Based on the budget we would like to limit our scope of work to the following:
ご依頼を受けた作業範囲からすると，50万円の予算の増額をお願いしたく存じます。	Considering the scope of work requested, we wish to propose an increase of the budget of JPY 500,000.
詳細が決まりましたらご連絡下さい。	Please let us know when the details have been fixed.

業務を断る

我々は間接税の専門家ではないので，岡田さんにコンタクトすることをお勧めします。	We do not have expertise in indirect tax and would suggest you contact Mr. Okada.
残念ながら独立性の問題があってお引き受けできません。	I am afraid I cannot perform this work due to independence reasons.
人手がなくその業務をお受けできません。他のチームにコンタクトすることをお勧めします。	Due to resource limitations we are unable to take on this assignment and recommend you contact another team.
鈴木さんがその仕事には適任と思います。	I think Suzuki-san would be a good fit for this job.
残念ながら，本社がプロジェクト・ブルーへの関与を承認しなかったことをお知らせ致します。	We are afraid to inform you that our head office did not approve our involvement in Project Blue.

回答内容の送付

質問に対する回答を送付する

このメールは合併時の被合併法人の課税につきコメントするために書いています。	I am writing this email to comment on the tax implications of the disappearing company in the merger.
詳細については別紙をご参照下さい。	Please refer to the attached for further details.

合併の際の株主に係る課税に関しては別途連絡します。	We will send you a separate email about the tax impact on the shareholders in the merger.
お返事が遅くなり申し訳ありません。	We apologize for the delay in responding.
（誤りを見つけて）前回のアドバイスは破棄してこちらのメールを参照して下さい。	Please discard our previous advice and kindly refer to this email.
ところで，気になったのですが，消費税の観点からも税務の検討を行う必要がないでしょうか。	It's come to my attention that we may need to additionally consider the tax impact from a JCT* perspective. （＊JCT=Japanese consumption tax）
念のため，合併が消費税の課税を生じるかについてコメントしたいと思います。	For the sake of completeness, we would also like to comment on whether the merger is subject to JCT.
回答内容	
ご要望を受けて，我々の分析を添付にて送ります。	Following your request, we are pleased to submit our analysis in the attached document.
３月１日のメールの質問に対する我々の回答は以下の通りです。	Our responses to the queries outlined in your email dated March 1st are as follows:
我々の初期的な見解は以下の通りです。	Our preliminary assessment is as follows:
時間の制約により，我々の分析は網羅性に欠ける可能性があります。	Due to time constraints our analysis may be less comprehensive than would otherwise be the case.
（他の人の意見を参照して）同僚によれば，その取引は一般的には消費税の課税取引に該当するとのことです。	According to our colleague, it is generally a taxable transaction for JCT.
☐をレビューした結果，特段重要な問題点は発見されませんでした。	No material errors were noted as a result of the review of ☐.
最終的な課税関係は全ての事実関係を総合勘案した上で分析して決定するものである点ご留意下さい。	Please note that the ultimate tax impact will be determined based upon all the relevant facts and circumstances.
もし，我々の理解が正しくなければご指摘ください。	Please correct me if our understanding is incorrect.
我々の分析は以下の前提に基づいています。	Our analysis is based on the facts described below.

我々の理解が正しくないか不完全であれば早急にご連絡下さい。	Please let us know immediately if our understanding is incorrect or incomplete.
事実関係の誤解は分析結果に影響を及ぼすことがあります。	Any misunderstanding of the facts and assumptions may impact the analysis and conclusion.
我々のアドバイスは貴社の社内にて使用されることを意図しています。	Our advice is intended solely for your internal use.
もし社外の第三者に開示しようとするのであれば，その前にご連絡下さい。	Please consult us before disclosing information to any third parties.

3 本文のまとめ（結び）

　業務依頼と違い，回答するパターンの結語は簡単です。回答本文が相手の依頼内容に沿っていたか，追加の質問がないかを聞いておけばひとまずOKです。

結　語	
不明点があれば（お気軽に）ご連絡下さい。	Please let us know if you have any questions. / Please do not hesitate to ask if you have any questions.
ご理解のほどよろしくお願いします。	Thank you very much for your understanding.
追加情報が必要な際はお知らせ下さい。	Please let us know if you would like further information.
ご質問やご心配な点がありましたらお気軽にご連絡下さい。	Please feel free to contact me if you have any questions or concerns.
お気づきの点がありましたらご指摘頂けると幸いです。	We would be grateful if you could let us know if you have any concerns.
もしディスカッションした方が容易であるならばその旨お知らせ下さい。	Please let us know if it is easier to discuss this matter.

3

本文のパターンは大きく4つ

見積りを提示する　Fee quote（見積り）のサンプル

　文化や商習慣の異なる海外の方に，「空気を読んでもらう」というのは難しいものです。海外に対して業務を提供する場合，業務の範囲やその見積金額をきちんと合意してから作業を開始することが，トラブルを防ぐ上で重要です。

ひな形サンプル

ABC Company Ltd - Project Blue fee quotation

Level	Hourly rate	Tax Acountant Hours	Tax Acountant Fees (JPY)	Lawyer Hours	Lawyer Fees (JPY)
Staff A	30,000	30	900,000	5	150,000
Staff B	20,000	30	600,000		0
Staff C	10,000	35	350,000		0
Sub total			1,850,000		150,000
Total	2,000,000				

Breakdown of services and fees

Item	Cost (Unit: JPY m)
Research, internal meetings and discussion	0.5
Review relevant materials and documents	0.5
Documentation, email correspondance	0.5
Project coordination	0.5
Total estimated fees	2.0

Note

Please note that our fee quotation assumes a project completion within one month of the kick-off meeting. In the event that the term is extended or actual time spent exceeds our estimates, we may need to discuss the commercial arrangements.

> 訳例：我々の見積りはプロジェクトがキックオフミーティングから1か月で終わることを前提にしたものです。プロジェクトの期間が延長になったり，あるいは実際にプロジェクトに要した時間が上記見積りを超える場合，追加の予算につきご相談させて頂くことがあります。

3　質問内容の確認，回答内容に対する質問など

　　上記２では質問と回答の例を示していますが，実際のメールのやりとりでは質問に対して，前提条件を確認したり，質問の意味を確認することも少なくありません。相手から受け取った回答に対しても，はっきりさせたいことがあって質問をする，あるいは，的を射ていない回答に対して，質問の趣旨をもう一度説明することも必要になります。

　　このようなメールのやりとりは，シンプルに，あいさつ→本文→結びといった形で進められることが一般的です。

【前提条件を確認するメールの例】

Dear Mr. Ross,

Thank you for your email. We would be delighted to assist you.
In order to analyze the consequences of the proposed transactions from a Japanese tax perspective, we would like to request the following additional information.　──①導入
（メールをありがとうございます。喜んでお手伝いさせて頂きます。
ご提示頂きました取引の日本における課税関係を検討するために，以下の追加情報を頂きたくお願い申し上げます）

✓　xxx　──②本文（前提条件の確認）
✓　xxx

We will respond within 2-3 days upon receipt of the above information.
If you wish to receive our comment by November 7, please provide the above information by 9:00 a.m. (Tokyo Time) on November 4.　──③結び
（回答には，上記情報を頂いてから２－３日を要します。11月７日までに回答が必要なのであれば，11月４日朝９時（東京時間）までに上記情報を頂戴したくお願い申し上げます）

Kind regards,

Taro

　　次頁以降に質問から回答までのやりとり，回答後のやりとりの文例を掲載します。

33

1 回答の依頼や催促

催促する	
お返事をお待ちしています。	I look forward to your reply.
返信は早いほどありがたいです。	Your prompt response would be very much appreciated.
都合がつき次第お返事下さい。	Please reply at your earliest convenience.
日本時間の明日17時までに返信下さい。	Please reply by 17:00 JST tomorrow.
日程がタイトですが，ご理解頂きたく存じます。	We understand it is a tight schedule and thank you very much for your understanding.
今週中にご意見をお聞かせ頂けますでしょうか。	Please give us your feedback by the end of this week.
先週金曜日が締切りになっていた資料の催促になります。	This is a gentle reminder in regards to our request for which the deadline was last Friday.
期限内の報告が難しい場合は事前にご連絡下さい。	Please let us know in advance if it is difficult to submit the report by the deadline.
（無理やり頼み込んで）初期的な分析を次の月曜までに提供してもらえませんか。	Would you be kind enough to provide your preliminary analysis by next Monday?
（無理やり頼み込んで）この件に関して迅速に返信（アドバイス）頂けると大変ありがたく思います。	Your urgent response (advice) on this matter would be highly appreciated.
まだあなたから返信を頂いていません。	We have not received your response yet.
提出期日を過ぎていますので，至急完成版のパッケージを提出して下さい。	Please provide the completed information package as soon as possible as it is overdue.

2 前提条件の確認

前提条件の確認	
質問に答えるにあたり，以下の点について確認させて頂けないでしょうか。	Before we respond to your inquiries, we would like to confirm the following:
私たちの事実関係の理解は以下の通りです。	Our understanding of the facts and circumstances is outlined below.
事実関係の理解が正確でない場合，我々の結論もこれと異なる可能性があります。	Our conclusion may need to be revised in the event that our understanding of the facts and circumstances is inaccurate.
XYZ社の資本関係図を下さい。	Please provide us with the organization chart for XYZ corporation.
XYZ社の株主構成を教えて下さい。	Please provide information about the ownership of XYZ corporation.
（法人税の観点から）XYZ社はどこの国で設立された法人か教えて頂けますか。	Could you please advise where XYZ company is incorporated?
（個人所得税の観点から）マーク氏はどこの国の居住者として課税されているか教えて下さい。	Please advise which country Mr. Marc is considered resident for tax purposes.
それはドル建てでしょうか？ ☞主要国の通貨表記についてはp.159をご参照下さい。	Is that the (US) dollar amount?
議決権ベースと発行済株式ベース，どちらの情報が必要か教えて下さい。	Please clarify whether you require information on a voting right basis or on outstanding shares basis.
誰がXYZ Companyを売却したのかを明らかにして頂けますでしょうか。AとBどちらでしょうか？	Could you please clarify who disposed of the shares in XYZ company? Was it A or B?
回答をするにあたって，以下の追加情報が必要です。	In order to respond to your questions, we require the following additional information:
添付ワードファイルに課税関係に係る意見書の基礎となる事実関係と仮定をまとめました。ご一読頂き，我々の理解が正しいかご確認頂けると大変助かります。	The attached word file summarizes the fact patterns and assumptions upon which we will provide our tax opinion. We would appreciate it if you could confirm whether our understanding is correct.

3

本文のパターンは大きく4つ

35

3 進捗の管理

進捗途中に（依頼する立場で）	
［＿＿＿＿］について進捗状況を教えて下さい。	Could you let us know the status of ［＿＿＿＿］?
レポートドラフトの送付を早めてもらうことは可能でしょうか。	Would it be possible for you to submit the draft report sooner?
早急に返信頂けると大変ありがたいです。急がせてすみません。	Your prompt reply would be very much appreciated. Apologies for the inconvenience.
初期的なコメントだけでも来週月曜までに頂けると大変助かります。	I would appreciate if you could provide your preliminary comments by next Monday.
進捗途中に（依頼される立場で）	
レポートが期限に間に合わないかもしれません。	I am afraid we may not be able to submit the report by the due date.
申し訳ありませんが，資料の提出が遅れてしまいそうなのでご連絡します。	I am sorry to inform you there will be a delay in sending the documents.
申し訳ありませんが，タックスパッケージについては締切りまでに提出できない可能性が高そうです。	I apologize but it is highly likely we will not be able to submit the tax package by the deadline.
レポート（資料）の締切りの延期をお願いできますでしょうか。	Would it be possible to extend the deadline for submission of the report (documents)?
まだ会社の会計担当からの情報提供を待っています。	We are still awaiting input from the company accountants.

4 回答内容に対する質問

　質問に対する回答を入手後，フォローアップが必要な場合も多くあります。以下に，回答に対するフォローアップを行う際によく使う表現を挙げておきます。

受取った回答に対して	
頂いた回答は確認して，質問があればご連絡させて頂きます。	We will review your input and revert in the event of any questions.
日本法人が100％アメリカ法人に直接保有されているとする前提が正しくないように思います。	I believe your assumption that 100% of the shares in a Japanese company are directly owned by a US company may be incorrect.
3頁にタイプミス・矛盾らしきものを見つけたので，正しいか確認して下さい。	I've found a possible typographical error/ inconsistency on page 3. Please confirm whether it is correct.
その点を再度検討した上で，レポートのアップデート版を送って下さい。	Please walk through it again and provide an updated report.
パワーポイントの形式でもらえればこちらで直します。	We will amend it if you can send it to us in PPT format.
ドラフトを確認したので最終版にして下さい。	Now the draft has been confirmed please consider it a final version.
頂戴した回答のポイントAとBは整合していないようです。	Based on your response, your comments in respect of point A and point B appear to be inconsistent.
［　　　］について詳しく説明した資料かウェブサイトはないでしょうか。	Could you please provide materials or a URL which explain ［　　　］ in more detail?
あなたのコメントを拝見したところ株主における課税関係という別の疑問が生じました。	Your comment raises the question of the tax consequences in the hands of the shareholder (s).
申告書のひな形を送って下さい。	Could you please provide a sample template for the tax return?
デューデリジェンスレポートに対するフィードバックを有難うございます。	Thank you for your feedback on the due diligence report.
他にもう一点指摘したいことがあります。	There is another matter I wish to raise.

ワード文書を編集する際は履歴をつけて下さい。	Please ensure "track changes" is activated when you are editing the word document.
あなたの変更点を受け入れた上で，変更履歴付でいくつか追加の校正を入れました。	I have accepted all your changes and made some additional edits with track changes activated.

 英文メールでよく使う略語（一般用語）

　英語を使っていると，しばしば目にするのが3文字（時として2文字や4文字）の略称です。決まり文句（ですが重要な一部分！）が略されていて，何のことか理解できず，それを確認するのにもまた英語が必要…なんてことを避けるために，ここでよく目にする略語を挙げておきます。

略	正式英語	意味
AKA	Also known as	～で知られる
ASAP	As soon as possible	出来るだけ早く
BTW	By the way	ところで
COB	Close of business	営業時間の終了まで（業務時間内）
EOD	End of day	その日中
FAQ	Frequently Asked Questions	よくある質問
FYI	For your information	ご参考までに
IMO	In my opinion	私の意見では
p/o PO	Print out	プリントアウト
TBC	To be confirmed	確認中
TBD	To be determined	手配中（今後決定予定）
THX, TKS	Thanks/ Thank you	ありがとう
pls	Please	お願いします
w/	With	一緒に
w/o	Without	～なしで

☞日本の会社・組織の略称（KKなど）についてはp.120，会計・税務の用語略称についてはp.223参照。

4 事務連絡・業務管理

上述3❶〜❹では，税務の質問と回答のやりとりの例を挙げました。実際にはこの他にさまざまな事務的なやりとりが必要となります。

以下にこれら事務的なやりとりの文例を示しました。

1 報酬についてのやりとり

報酬について	
（Feeを支払う立場で）添付ファイルを使って（経費や諸税金も含めた上で）サービス提供に要するコストの見積りを教えて下さい。	Please provide your estimated fees for the services (including expenses and applicable taxes) using the attached template.
（Feeを支払う立場で）プロジェクト・ブルーについての1月以降の積算コストを教えて下さい。	Please confirm the accumulated fee for Project Blue since January.
（Feeを支払う立場で）プロジェクト・ブルーのサービスフィーの内訳を送って下さい。	Please send us a breakdown of the service fee for Project Blue?
（Feeを支払う立場で）私の手元のファイルと請求書の金額が約1,000ドル異なっています。	The amount I have in my files differs from the invoiced amount by about $1,000.
（Feeをもらう立場で）その予算では競争力のあるサービスとスコープを提示するのは難しいです。	It will be difficult to offer competitive services and scope within that budget.
（Feeをもらう立場で）1,000ドルの値引きに応じますが，5,000ドルの報酬がぎりぎりの提示額です。	We would accept a discount of $1,000 but $5,000 is the lowest fee we are able to offer.
（Feeをもらう立場で）この金額でご了解頂ければ幸甚です。	We hope you find our fee quote acceptable.
申し訳ありませんが，これ以上の値引きには応じることができません。	I am afraid that we cannot accept any further discount to the fees.
（Feeをもらう立場で）今月末までに発生報酬が予算を上回りそうですのでお知らせします。	Please note that our period-to-date fees are forecast to exceed the budget by the end of this month.

| （Feeをもらう立場で）7月分の送金は完了していますか。 | Has the remittance for July been submitted? |
| コストについては円貨で固定したいと思っています。 | We would like to fix the fees in JPY. |

2 請 求

請求書を受領する立場で

支払条件について質問があります。	We have a question regarding the payment terms.
我々の会社の支払方針は，20日締めで到着した請求書を翌月末日までに支払うというものです。	Under our company policy all invoices received prior to the 20th day of each month will be paid by the end of the following month.
貴社の銀行口座番号は123456で正しいでしょうか。	Is your company bank account number 123456?
経理担当者不在のため，支払を来週まで延期してもよろしいでしょうか。	Due to the absence of personnel in the accounting department, would it be possible to defer payment to next week?

請求書を送付する立場で

請求書の送付先を教えて下さい。	Please provide an address for us to send the invoice.
請求書を発行してもよろしいでしょうか。	Can you please confirm whether we can issue an invoice?
請求書は添付をご参照下さい。	Please find attached a copy of our billing invoice.
請求日から30日以内の決済をお願い致します。	We would appreciate it if you could settle the invoice within 30 days of the specified invoice date.
支払は，以下へお願いします。 ABC銀行 丸の内支店 口座番号123456	Please remit your payment to the following: Bank: ABC Bank Branch: Marunouchi Account Number:123456

（催促して）本件の支払いを出来るだけ早く済ませて頂けると助かります。	I would appreciate it if you could submit payment for this order as soon as possible.
（催促して）我々の記録によれば，未払残高があるようです。	Our records show that there is a outstanding balance on your account.
（催促して）このメールは支払がまだ入金されていないことをお知らせする２回目の通知です。	This email is a second reminder that your payment has not been received.

報酬を報告する　Sample fee report（報酬の報告サンプル）

コンサルティングに係る報酬はタイムチャージで請求することが多くあります。以下にチャージ時間と報酬の報告書の例を挙げておきます。

英文サンプル

ABC Company -Actual Fees to March 31, 2017

		Hours			Fee (in JPY)		
		Staff A	Staff B	Staff C	Actual	Discount	After Discount
1	Analysis and report of tax consequences	5	5	10	400,000	(160,000)	240,000
2	Tax memo preparation	5	10	3	387,500	(155,000)	232,500
3	Attendance at meetings	2	2	2	130,000	(52,000)	78,000
		12	17	15	917,500	(367,000)	550,500

Rates (JPY/Hr)
Staff A　30,000
Staff B　20,000
Staff C　15,000

Discount　40%

海外とビジネスを行う際は，特にコンサルティングフィーは固定報酬ではなく，タイムチャージでの請求になることが多くあります。

請求を行う　Sample invoice（請求書のサンプル）

英文サンプル

| Your company logo |

International Payment
Issue date 2017.01.15
Payment deadline. 2017.02.27

Customer name
1-2-3 Goodwill road
Bangar, TN 33055
USA

ABC Co.
Maru Building 2F, X-X-X
Marunouchi, Chiyodaku
Tokyo 〒100-XXXX
Tel: +81-3-1234-5678
Invoice #: ITS900888

Invoice

Description	Fee
Professional services with respect to XYZ corporation （XYZ社に関する業務）	US$10,000
Out-of-pocket expenses （立替経費）	US$1,000

　　　　　　　　　　　　　　　Subtotal　　US$11,000
　　　　　　　　　　　　　　　　　Tax　　　US$880
　　　　　　　　　　　Amount payable　　US$11,880

Please submit your remittance by the specified due date to the following：
（期限までに以下の銀行口座にご送金ください）

Bank Details:
ABC Bank Tokyo branch
Bank Account Name.ABC Co.
Account Number: 99999999

 海外相手の案件は消費税が免税になることも多いので注意して下さいね。

本文のパターンは大きく4つ

3 電話会議の設定

カンファレンスコール・会議（提案・設定）	
☐ を議論するため電話会議を持ちたいと思います。	I would like set up a conference call to discuss ☐ .
日程調整いろいろ ● 8月17日の10時の都合を教えて下さい。 ● 8月17日の何時であればご都合がよろしいでしょうか。 ● 日本時間の午前10時は，シアトルの前日夕方6時です。 ● 最も早く対応可能な日時を教えて下さい。	● Please let us know your availability at 10am on August 17th. ● What time works best for you on August 17th? ● 10am in Japan is 6pm of the previous day in Seattle. ● Could you please let me know your earliest available date and time?
あなたの希望日に電話会議に参加できるようにスケジュールを調整中です。	I am trying to adjust my schedule in order to attend the conference call at your preferred date.
出席可否を確認頂き，このメールに返信して下さい。	Please confirm your attendance by way of reply to this email.
電話会議とミーティング，どちらが宜しいでしょうか。	Please let us know if you prefer a conference call or face-to-face meeting?
この会議通知を電話会議へ参加すべきメンバーに転送して下さい。	Please forward this invitation to any other members that should attend this conference call.
この会議通知を適宜他の方とシェアして頂けるとありがたく思います。	I would appreciate it if you could share this invitation with your colleagues as appropriate.
電話会議（ミーティング）に出席できない方は明日中にご連絡下さい。	Please let us know by the end of tomorrow if you cannot attend the conference call (meeting).
もしその時間で対応可能であれば，コールインの番号を送ります。	If this is acceptable I will circulate a dial-in number.
（二者通話で）電話会議には+81-3-xxxx-xxxxに電話して下さい。	Please call +81-3-XXXX-XXXX for the conference.
後程Outlookで会議招集通知をお送りします。	I will send a meeting invitation in Outlook later.

電話番号と，カンファレンスID，パスコードを教えて下さい。	Please let me know the telephone number, conference ID and passcode.
電話がつながりませんでした。	I couldn't reach you.
直接話した方がよければ言って下さい。	Please let us know if you wish to discuss directly.

カンファレンスコール（変更・再調整・キャンセル）

残念ながらその電話会議には出席できません。	I am afraid that I will not be able to join this conference call.
電話会議の時間を日本時間の午前10時からに変更してもらえますか。	Would it be possible to reschedule the conference call to 10am Japan time?
電話会議の開始時間を1時間遅らせることは可能ですか。	Would it be possible to start the conference call 1 hour later?
直前の連絡で申し訳ありませんが，10時からの電話会議は再調整となります。	I apologize for the last minute notice but the conference call at 10am will need to be rescheduled.
その電話会議の再調整をお願いできますか？	Could I ask you to reschedule this conference call?
来週の会議ですが，重要なメンバーの日程の調整がつかず，延期となりました。	The conference call next week will be postponed due to a scheduling conflict of key members.
もしチームメンバー全員の都合をつけるのが難しいようであれば，木村さんが出席できるようにして頂けると助かります。	If it is difficult to arrange based on team's availability, we would appreciate it if you could ensure Mr. Kimura is able to attend.

カンファレンスコール（アジェンダ・議事録）

明日の電話会議のアジェンダ（議題）については添付をご参照下さい。	Please refer to the attached agenda for tomorrow's conference call.
明日の会議のアジェンダ案をドラフトの上送付して頂けますか。	Please prepare a draft meeting agenda for tomorrow and send it to us.
アジェンダに追加したい項目があれば私までご連絡下さい。	Please let me know if there are any topics you would like to add to the agenda.
電話会議で使用する資料があれば事前にメールで送って頂けますか。	If there are any documents you wish to refer to during the conference call, please email them in advance.

3

本文のパターンは大きく4つ

電話会議の主な議題は以下の通りです。 (1) ⬜ を議論すること (2) ⬜ を確認すること	The main agenda items for the conference call are as follows: (i) To discuss ⬜, (ii) To confirm ⬜
ミーティングの前に会議で使用する資料を共有させて頂きます。	I am sharing the attached documents in advance of the meeting.
（議事録の送付文で）このメールは3月1日のXYZ社との日本の組織再編のシナリオを議論した際の電話会議の内容をまとめたものです。	This email summarizes the call with XYZ Company on March 1 to discuss Japan restructuring scenarios.

 英語で議事録を作成する　Preparation of meeting minutes
（議事録のサンプル）

海外の方と電話会議等を行った場合，英語での議事録が必要となることがあります。以下にミーティング議事録のひな形の例を挙げておきます。

議事録のひな形例文

> 24時間表記より a.m./p.m.表記の方が一般的

> ドットを忘れない

開催日時：2017年1月10日13時～14時 出席者 ●XYZ社：マークさん，ブライアンさん ●経理：鈴木，山田 トピック (1)プロジェクトブルーへの参加表明 　xxxxxxx (2)プロジェクトメンバーの策定 　xxxxxxx フォローアップ（担当者） ●資料依頼リストの送付（山田） ●関係者リストの作成（鈴木） ●意向表明書の締め切りを含むプロジェクトのスケジュールの確認（Marc）	Date: Jan 10, 2017 1:00p.m.-2:00p.m. Attendees: ■Marc, Brian (XYZ Company) ■Suzuki, Yamada (Accounting) Discussion: (1) Company decision to participate in Project Blue 　xxxxxxx (2) Staff candidates for project roles 　xxxxxxx Actions: ■Send information request list (Yamada) ■Prepare the party list (Suzuki) ■Confirm project schedule including deadline for submitting the letter of intent (Marc)

電話会議でのお役立ちフレーズ集

電話会議を行う場合，Face to Faceの会議とは異なるフレーズが必要になることがあります。以下に，電話会議を円滑に進めるために必要なフレーズを集めました。

電話接続後・自己紹介	
こんにちは。どなたかいますか？（Call-in直後，誰が回線に乗っているかを確認する場合）	Hello, is anyone on the line?
こんにちは。こちらはABC社の田中一郎です。鈴木明さんと佐藤花子さんも一緒です。	Hello, this is Ichiro Tanaka from ABC Corporation. I'm here with Akira Suzuki and Hanako Sato.
こんにちは。こちらは税金チームのマイク・スミスです。法務チームの高橋次郎さんも一緒です。	Hi, this is Mike Smith from the tax team. I am here with Jiro Takahashi from the legal team.
参加者の確認	
誰がいますか？	Who is on the call?
そちらは全員そろっていますか？	Is everyone here?
誰がいるか確認させて下さい	Let me confirm who is on the line.
全員揃いましたか？	Are we all on the line?
遅刻者を待つ	
ジョンがいません。	I think we don't have John.
ジョンが入っているかわかりますか？	Can someone check if John's joining?
ジョンを待ちましょう。	Let's wait for John.
今どなたが入りましたか？	Who just joined?
ジョンです。遅くなってすみません。	It's John. Sorry I'm late.
接続トラブルがあったのです。	There is a problem with the line. There are connection problems.
あらかじめ時間の制限を伝える場合	
9時までしか参加できません。	I'm only available until 9:00. I have a hard stop at 9:00.
40分後に出発しなければなりません。	I have to leave in about 40 minutes.

会議を始める

はじめましょう。	Let's get started.
参加頂きありがとうございます。	Thank you for participating in this call.
	Thank you for joining this call.
今回の電話会議の目的はxxについて話し合うことです。	The purpose of this call is to discuss xx.
昨日送付させて頂いたAgenda はお手元にありますか？	Do you have the agenda I sent yesterday?
では，項目１から始めましょう。	So, let's start from item 1.

音声・接続のトラブル

すみません。聞き取れませんでした。	Sorry, I couldn't catch that.
雑音があるようです。	There is some noise on the line.
	There is some background noise.
聞こえますか？	Can you hear me?
ジョンいますか？（声が聞こえない場合）	John are you there?
	Are you with us John?
ジョンは外れてしまったようです。	John seems to have dropped off.
もう一度接続し直します。	Let me try connecting again.
	Let me dial in again.
話をしないときは，ミュートにしてもらっていいですか？	Would you please mute your line when you are not speaking?

会議中の表現

田中です（発言するときに名乗る場合）。	This is Tanaka.
少しゆっくり話してもらっていいですか。	Could you speak more slowly, please?
もう一度言って頂けますか。	Could you please repeat that?

日本側で相談する間待ってもらう

少々お待ち頂けますか？	Could you hold on for a second?
	Please give us a few minutes.
日本語で相談します。	We will discuss in Japanese.
電話をミュートにします。	We will put the phone on mute.
５分後に再開しましょう。	Let's restart 5 minutes later.
	Let's restart in 5 minutes.

会議のまとめ	
何か質問ありますか？	Do you have any questions?
皆さんよろしいですか？	Is everyone happy? Is everyone clear?
今日の議論をまとめます。	Let me summarize today's discussion. So, let's wrap up today's call.
我々の宿題はxxxxですね。	Our homework is xxxx.
おわりに	
アドバイスありがとうございました。	We appreciate your advice today.
お忙しい中お時間頂きありがとうございました。	Thank you for taking time from your busy schedule.
またお話できるのを楽しみにしております。	I look forward to speaking with you again.

3 本文のパターンは大きく4つ

【電話会議あるある】

相手に見えないのにお辞儀をする

【なるほど！】
時差の確認

電話会議を設定する場合，時間の設定に際して相手の国での時間を確認する必要があります。以下のサイトでは日本の時刻から海外の時刻を調べることができて便利です。

✓ 世界時計（日本時刻から）－高精度計算サイト
http://keisan.casio.jp/exec/system/1240186937
日本の日付と時間を入力すると現地の日付と時間が算出される。サマータイムに対応している。

✓ NAGASE WORLD CLOCK（ナガセ世界時計）
http://www.time.ne.jp/
特定の都市の時刻を指定すると，他の都市の時刻が表示されるので，特に3か国以上が関係する会議で重宝。ただし，その日での時刻が示されるため，冬時間・夏時間の切替時には要注意。

> **サマータイムに注意！**
>
> 北半球の国では3月下旬から10月下旬まで，南半球の国では10月下旬から4月上旬までサマータイム（夏時間）を採用している国があります（米国，西欧諸国，豪州など）。この期間はそれ以外の期間との時差が異なることになりますので，会議開始時刻の設定の際には，注意しましょう。

> 米国には東部時間（E.D.T.），太平洋時間（P.D.T.）など，いくつかのタイムゾーンがあります。
> 相手の地域のタイムゾーンをきちんと確認する必要がありますね。

> 日本時間はJ.S.T（Japan Standard Time）と表します。

4　ミーティングの設定

ミーティング	
10月10日のミーティングを貴社で行うことは可能でしょうか。	Would it be possible to schedule a meeting with you at your office on October 10th?
来週月曜日のミーティングの場所を教えて頂けますでしょうか。	Could you kindly confirm where the meeting on Monday will be held?
私たちのオフィスは東京駅前のABCビルにあります。	Our office is located at ABC Building in front of Tokyo station
アクセスについては下記リンクから会社の地図をご参照下さい。	For access information please refer to the map using the link below.
午後1時にABCビルの3階の受付横で会いましょう。	I will meet you at 1pm next to reception on the 3rd floor of ABC Building.
来社の際は身分証を必ずお持ち下さい。	Please ensure you bring your ID with you when you visit our office.
入館登録が必要ですので，参加人数と名前を教えて下さい。	For registration purposes please let us know the number of attendees and their names.
受付で，税務部の木村とアポイントを取っている旨をお伝え下さい。	Upon arrival please inform the staff at the reception desk that you have an appointment with Kimura of the tax department.
（社内向けに）会議は3階のルーム311で行います。	The meeting will take place in room #311 on the third floor.
（社内向けに）今日1時からミーティングルームの予約をお願いできますか？	Would you reserve the meeting room from 1pm today?

3

本文のパターンは大きく4つ

51

5 申告書の送付など

申告書・届出書の送付

ABC株式会社の2016年12月31日期の法人税確定申告書一式を送付しました。	We have posted copies of the final corporate income tax returns for ABC Company for the year ended December 31, 2016.
送付した確定申告書の詳細は別添の案内の用紙を参照して下さい。 ☞申告のガイダンス→p.53	Please refer to the instruction sheet for details of the enclosed tax returns.
参考として，確定申告書ドラフトを英語でまとめたものを添付します。 ☞法人税等の税額計算表→資料3（p.228～）	For your reference, an English extract of the draft tax returns is attached.
電子申告の利用を届出していない場合，確定申告書の提出はすべてハードコピーで行う必要があります。	All tax returns should be filed on paper if the company is not registered to file electronically via e-tax.
スキャンした文書での提出は認められません。	Scanned documents will not be accepted for filing purposes.
期限後の申告など，法定要件を満たさない申告はペナルティや利子を生じさせることがある点にご留意下さい。	Please note that failure to complete with the legislative requirements, including late filing, may trigger penalties and interest.

申告のガイダンス　Filing instructions

　申告書を外国人の方に送付する場合，署名や提出先についての説明を記載した送付状が必要となります。以下にその例を挙げておきます。また，資料３（p.228〜）に示す課税所得の計算シートを添付するとより親切です。

<u>英文サンプル</u>

Your company logo

FOR THE ATTENTION OF : ABC Company
FOR THE YEAR ENDED : December 31, 2016
DUE DATE FOR FILING : March 31, 2017

<u>1. Number of copies and tax offices to be filed</u>（部数と提出先）

Description	National Tax Return	Local Tax Returns
Yokohama Naka National Tax office:		
Complete set	3	
Form 1 only (including OCR)	1	
Prefecture Tax Office		1
Municipal Tax Office		1
For your own records	1	2
For our records	1	2
Total copies	6	6

<u>2. Guidance for signing returns</u>（申告書へのサインについて）
All tax returns should be signed by your representative director or equivalent. Returns should bear the company's official seal and be dated as of the submission date or earlier.
（訳例：すべての確定申告書につき代表取締役またはこれに代わる方のサインをしてください。代表印を押し，申告書の提出日ないしその前の日の日付を記入してください。）
<u>3. Attention for filing and document maintenance</u>（文書の提出と保管に関する注意）
All returns must bear receipt stamps of respective tax offices. Please retain one copy for your own record, and return one copy to us.
（訳例：すべての確定申告書につき各税務署の受領印を入手してください。申告書の一つは貴社控えとしていただき，もう一つは弊社までご返送ください。）

何を，いつまでに，どこへ提出すればよいかを明記しましょう。

【なるほど！】
日付の表記－イギリス英語とアメリカ英語で順番が違う!?

　日付を表記する際の年月日の表記順は，アメリカ英語とイギリス英語で異なります。アメリカ式表記は，月→日→年の順に表記するのに対し，イギリス式表記は，日→月→年の順に表記します。

　したがって，数字のみで「2/4/2018」と記載すると，2月4日なのか，4月2日なのか混乱することがあります。混乱を避けるためには，月は数字ではなく言葉で示すこと（例：February 4 th, 2018）がおすすめです。

〈米国式の表記例〉

例えば2018年2月4日なら…
　・2/4/2018　　　　　　　（数字表記）←あまりおすすめではない
　・February 4 th, 2018　（日を序数で表示。1st，2nd，3rd，…）
　・February 4, 2018　　　（日を序数表示しない）
　・Feb. 4, 2018　　　　　 （月を省略形で表示）

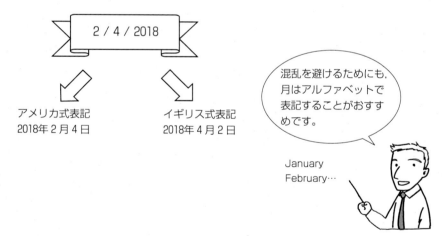

4 知っておくと便利な表現

　以下では，お礼や謝罪，メール送受信に関するものなど，知っておくと便利な表現をとりあげます。

【本節の構成】

1　お礼・賞賛・お祝い，謝罪やクレームなど　p.55

　❶　お礼（p.55）

　❷　謝罪やクレーム（p.57）

2　異動・退職　p.59

3　メール送受信に関する表現　p.60

4　不在連絡，不在時の自動応答　p.62

5　その他役に立つ表現　p.63

1　お礼・賞賛・お祝い，謝罪やクレームなど

1　お礼

お礼・賞賛	
いつも助けて頂きありがとうございます。	As always thank you very much for your assistance.
我々の要望を考慮頂きありがとうございます。	Thank you for accommodating our requests.
メールで進捗状況を教えて頂きどうもありがとうございます。	Many thanks for the email and updating me on your progress.
早速返信頂きありがとうございます。	Thank you very much for your prompt response.
本件につきお力添え頂けると助かります。	I appreciate your assistance in this matter.
ご協力に感謝いたします。	I appreciate all of your help.
誠実にご対応頂きありがとうございます。	I appreciate your honesty.
また一緒に仕事ができるのを楽しみにしています。	I look forward to doing business with you again.

55

クライアントからあなたの仕事につき高い評価を頂きました。	Our client really valued what you have done.
あなたの努力がなければこのプロジェクトは完了しなかったでしょう。	We wouldn't have finished this project without your effort.
（同僚を賞賛して）彼の仕事ぶりは極めて優れていました。	His performance was outstanding.
これまでプロジェクト・ブルーのためにいろいろと尽力下さりありがとうございます。	Thank you for all your efforts to date in serving Project Blue.
あなたのレポートは期待以上の出来でした。	Your report exceeded my expectations.
とても素晴らしい提案です。	Your proposal sounds great.
お祝い	
おめでとうございます。	Congratulations
このたびはご昇格おめでとうございます。	Congratulations on your promotion.
皆さんで山田さんの昇格をお祝いしましょう。	Please join me in celebrating Mr. Yamada's promotion.
私たちの提案がXYZ社に採用されたのはとても喜ばしいニュースです。	It is great news that XYZ company accepted our proposal.
案件を獲得したと聞いて，大変うれしく思っています。	I am very glad to hear that you have been awarded the project.
本社を代表してお祝い申し上げます。	I would like to extend our sincere congratulations on behalf of the company headquarters.

2 謝罪やクレーム

謝 罪

ご不便をおかけします。	I am sorry for any inconvenience caused.
混乱させて申し訳ありません	I apologize for the confusion.
お詫び申し上げます。	Please accept our apologies.
お忙しいところをお邪魔してしまい申し訳ありません。	I am sorry for disturbing you when you are busy.
遅れてしまい申し訳ありません。	I am sorry for being late.
もっと早くに返信せずに申し訳ありません。	We are sorry that we did not reply to you earlier.
お返事遅くなり申し訳ありません。	Please accept my sincere apologies for not replying.
直前のリクエストで申し訳ありません。	I apologize for this request at short notice.
申し訳ありません。ご指摘のあった点につきお答えすべきでした。	Apologies. We should have responded to your points.
質問が重複してしまい申し訳ありませんが，正しく理解できているか再確認したく思います。	I apologize for our duplicated inquiries but I would like to ensure we understood you correctly.
プロジェクト・ブルーに関するアドバイスにつき誤りがありましたことをお詫びします。	I would like to apologize for the error in our advice with regards to Project Blue.
我々のレポートがご期待に添えなかったことを謝罪します。	We apologize that our report didn't meet your expectations.
添付が正しい文書です。取り違えてしまい大変申し訳ありません。	The attached should be the correct document. I am terribly sorry for the confusion.
レポートが不完全で大変申し訳ありませんでした。	I am very sorry that the report was incomplete.
これがあまりご迷惑にならないことを願っています。	I hope this doesn't cause you too much inconvenience.

注意喚起，クレーム

いくつかあなたとお話したい点があります。	There are a couple of things I'd like to discuss.
ご依頼の内容の意味がよくわかりません。	I am not sure I understand your request.

もう少し詳細にお願いします。	Could you please elaborate?
具体例を挙げさせて下さい。	Let me give you the specifics.
次回はもう少し気を付けて頂けますか。	Could you be a little more careful next time?
入力ミスがないようご注意下さい。	Please be careful not to make any input errors.
レポートの各ページで使用されている金銭表示単位は，異なる箇所がありますのでご留意下さい。	Please note that the monetary unit used on each page of the report may be different.
これ以上の期限の延長は難しいです。	It is difficult to extend the deadline any further.
しばらく連絡を頂いていませんが，状況をお知らせ頂けますか。	We have not heard from you for a while. Would you please provide a status update?

おなじ「apologies」でも，「Apologies」「My apologies」は比較的軽めなトーン，「Please accept my sincere apologies」は丁寧・正式なトーンになります。

日本語も英語も，丁寧に言うときは言葉が長くなりますね。
ごめんね。
申し訳ありません。
大変申し訳ございません。

2　異動・退職

異動・引継ぎ	
私が財務部から営業部に異動になったのはご存知と思います。（社内向け）	I am sure that you've heard by now that I've moved to the sales division from the finance department
7月1日付で営業部に転属することになったことをお知らせします。（社外向け）	Please note that I will join the sales division with effect from July 1st.
（引継ぎを知らせて）彼が私の元のポジションにつきます。	He will be taking over my former position.
（引継ぎを知らせて）木村さんにはこれまでの議論を簡単に説明してあります。	Mr. Kimura is briefed on our discussions so far.
退　職	
9月30日をもってXYZ社を退職することになりました。	I am leaving XYZ company on September 30.
在職中の皆様のサポートに大変感謝しております。	I really appreciate your support while I worked here.
XYZ社で働けたことをとても誇りに思います。	I am very proud to have worked at XYZ company.
感謝の気持ちをお伝えしたく思います。	I would like to express my sincere gratitude.
あなたと働けてとても楽しかったです。	It's been a pleasure to have worked with you.
（退職する人に対して）退職されると聞き残念に思います。	I am sorry to hear that you are leaving the company.
今後の益々のご活躍をお祈り申し上げます。	I wish you the best of luck in future.
ご自愛下さい。	Please take care of yourself.

4

知っておくと便利な表現

3 メール送受信に関する表現

メール送受信（アドレス・送付先）	
アドレスが変更になりましたのでお知らせします。	I just wanted to let you know that my email address has changed.
新しいアドレスはyamada@blue.comです。	New email address is yamada@blue.com.
今後は山田さんもCCに入れて下さい。	Going forward, please include Mr. Yamada on your emails.
山田さんは退職（異動）したので，メールのリストから外しました。	I omitted Mr. Yamada from the email distribution list as he no longer works at the firm.
私は既にプロジェクト・ブルーのメンバーではないので，メールの配布リストから除いて下さい。	Please remove me from the distribution list as I'm no longer involved in Project Blue.
メール送受信（添付ファイル関連）	
送って頂いたファイルのパスワード教えてもらえますか。	Could you please provide the password for the file you submitted?
送って頂いたファイルがダウンロードできません。	The file you sent me wouldn't download.
送付頂いたファイルがうまく開けませんでした。開けるか確認の上再送頂けますか？	I am unable to open the files that you sent by email. Could you please confirm you are able to open the files and resend them?
もらったファイルのバージョンを下げて送付頂けますか。	Could you please resend the files in an earlier version?
.xlsファイル形式で送って頂くことは可能でしょうか。	Is there any chance you could send it to me as an .xls file?
メールサーバーが10MBまでしか受け取れません。	Our mail server cannot accept emails larger than 10 megabytes.
直近のメールに添付されたファイルを開くことができませんでした。	I wasn't able to open the file attached to your last email.

ファイルが我々のサーバーには大きすぎます。添付ファイルをいくつかのファイルに分割してもらえますか？	The file is too large for our email servers. Could you kindly send it as separate attachments?
添付ファイルが大きすぎて送れなかったので，3通に分けて送ります。	Since the attachments are large we are sending them in three separate emails.
前のメールは無視してこちらのメールの添付ファイルを参照して下さい。	Please ignore my previous email and kindly refer to the attachment in this email.
ファイル添付を失念したのでメールを再送します。	I am resending the message as I forgot to include the attachments.
（PDFをもらった際の返信で）ワードでももらえませんか？	Could you send it to me in Word version?

メール送受信いろいろ

（メール催促）メールを見る機会があったかを確認したいのですが。	I would like to confirm whether you had an opportunity to review my email.
（メール催促）ご返信を頂いていないことをお知らせします。	This is a reminder that we are still awaiting your response.
メールを受け取りましたが，詳しく拝見する時間がまだありません。	I received your email but haven't had a chance to review it in detail.
メールが文字化けしていて読めません。	I can't read your email as the message is garbled.
すみませんが，サーバーが一時ダウンしていてメールを受け取っていません。	I apologize but our mail server was temporarily unavailable and we didn't receive your email.
フリーメールアドレスはサーバーが受け付けません。	Our server does not accept emails from free accounts.

4 不在連絡，不在時の自動応答

不在 / 祭日等	
私は次の1週間は休暇です。	I will be on vacation next week.
来週は不在です。	I will be out of the office for the next week.
休暇の間，メールをチェックする機会は限られています。	During my vacation my access to email will be limited.
お急ぎの用件があれば，鈴木さん（suzuki@blue.com）に連絡して下さい。	If the matter is urgent, please contact Suzuki-san at suzuki@blue.com.
日本オフィスは8月10日から13日まで季節休暇で閉鎖します。	Our Japan office will be closed from August 10th to 13th due to a seasonal vacation.
不在の間は，代表電話（秘書の）+81-3-XXXX-XXXXまでご連絡下さい。	During my absence please contact our general number (my secretary) at +81-3-XXXX-XXXX
戻り次第連絡します。	I will reply to you upon my return.
ご不便をおかけして申し訳ありません。	I apologize for any inconvenience caused.
ご理解のほどよろしくお願いします。	I appreciate your understanding.
不在時の自動応答の例	
メールありがとうございます。現在不在にしており，10月16日に戻る予定です。それまでの期間，私のメールへのアクセスは限定的なものとなります。お急ぎの際は，受付（03-1234-xxxx）までご連絡下さい。ご不便おかけして申し訳ありません。	Thank you for your email. I'm currently out of the office and will return on October 16, 20xx. During this period I will have limited access to my email. If you require immediate assistance, please contact our reception at 03-1234-xxxx. I apologize for any inconvenience caused.

5　その他役に立つ表現

　最後にメールのやりとりが続いてきたときに役立ちそうな表現を挙げておきます。

何かを参照しながら文章を続ける場合	
～についてですが	**With regards to, In regards to, With respect to, In respect of, Regarding, Concerning**
送って頂いたレポートについてですが，クライアントからいくつかの質問を受けました。	With regards to the report you sent, we've received a couple of questions from the client.
～に付け加えて	**Further to, In addition to**
下記のメールに加えて，以下の2つの質問があります。	Further to the email below, we have two additional questions.
お話しした通り	**As discussed**
お話しした通り，このアドバイスに関する報酬は10,000ドルが上限となっています。	As discussed, our fee for this advice has been capped at USD 10,000.
☞類似表現 合意した通り 約束した通り	as agreed as promised
～の通り	**As per**
添付メールの通り，その取引に係る課税関係について検討する必要があります。	As per the attached email, we need to assess the tax consequences of the transaction.
～を前提とすると（考慮すると）	**Given that**
ABC社がアメリカの上場企業であることを前提とすると，日米租税条約の特典を受けられるものと思います。	Given that ABC Company is a US listed company, we think it will be entitled to a benefit under the Japan-US tax treaty.

初めに感謝や謝罪をしてから書き出す場合	
～をどうもありがとうございます	**Many thanks for, Thank you very much for**
プロジェクト・ブルーのレポートを送付頂きありがとうございます。	Many thanks for sending the Project Blue report.
申し訳ありません	**Apologies for, I am sorry for, Please accept my sincere apologies for**
お返事が遅れてしまい申し訳ありません。	Apologies for the delay in responding.
資料の依頼	
～を送付して下さい	**Please provide (send) us~, Could you please kindly provide (send) us~**
その書類を送付して頂けますか？	Could you please kindly send us the document?
～を記入して下さい	**Please fill out~, Could you please kindly fill out, Please complete**
添付のワークシートを記入して下さい。	Please fill out the attached worksheet.
資料のやり取り（送付），参照	
～をご参照下さい	**Please find, Please refer to**
詳細は添付ファイルをご参照下さい。	Please refer to the attached for further detail.
～を送付します	**I am sending ~**
XYZ社に適用される実効税率の分析を送ります。	I am sending the analysis of the effective tax rate for XYZ company.
念押しや確認をしたい場合	
～と理解しています	**We understand that ~.**
XYZ社は20xx年に設立されたと理解しています。	We understand that XYZ Company was incorporated in 20xx.
念のため確認したいのですが，	**I want to make sure that, I wish to confirm that, Just to clarify**
確認ですが，マーク氏はアメリカの居住者でしょうか。	Just to clarify, is Mr. Marc tax resident in the United States?

過去のやりとりや何かを参照する場合	
お知らせしました通り，メールした通り，やりとりした通り，ご依頼にもとづき	**As advised, As discussed, As communicated, As requested**
過去にお知らせしました通り，法人税申告書の提出期限は今月末となります。	As discussed previously, the filing due date of the corporate tax return is the end of this month.
ご参考として	**For your reference, For your information**
ご参考までに，関連する税務の規定の英訳をお送りします。	For your reference, I am sending an English translation of the relevant tax rules.
結びのセンテンス	
ご質問があれば何なりとお問い合わせ下さい。	Please feel free to contact us if you have any questions.
質問やコメントがありましたらお気軽にご連絡下さい。	Please do not hesitate to contact us if you have any questions or comments.
ご質問があればお電話下さい。	Please call me if you have any questions.
課税関係分析の前提	
頂いた情報によれば	**Based on the information received, Based on the information you provided**
頂いた情報によれば，A社は不動産を有していないということです。	Based on the information you provided, Company A does not own any real estate.
～と仮定します	**We assume that**
分析にあたり，A社は日本法人と仮定いたします。	For the purposes of our analysis, we assume that Company A is a Japanese company.
課税関係のコメントに関する頻出表現	
～税が課税される	**subject to ~tax, ~tax will be levied (assessed, imposed) on (to),**
A社への支払いについては源泉税が課税されます。	The payment to A company is subject to withholding tax.

4

知っておくと便利な表現

（課税関係が）発生する	trigger (taxation)
その取引によって日本でのキャピタルゲイン課税は発生しません。	That transaction should not trigger capital gains taxation in Japan.
損金算入できる	be deductible
その費用は損金算入できません。	That expense is not deductible from income.
控除する	credit against, deduct from
その金額は所得税額から控除できます。	You can credit the amount against the income tax due.
除外される	be excluded from
受取配当のうち一定額は所得から除外されます。	A certain portion of the dividend income can be excluded from taxable income.
～が適用できる	be eligible for~, be applicable for~
A社はその特別措置を適用できます。	Company A is eligible for this special treatment.
（ルールが）適用される	subject (rule)
A社には新しいルールが適用されます。	Company A is subject to new rules.
（要件を）満たす	satisfy (requirements)
免税とされるためには，一定の要件を満たす必要があります	To qualify for the exemption, you need to satisfy certain requirements.
～法上	Under ~ law, According to ~
日本の国内法上，その所得は日本の国内源泉所得として取り扱われます。	Under Japanese domestic tax law, the income will be treated as Japan source income.
提出する	file, submit
あなたは所得税確定申告書を提出しなくてはなりません。	You need to file an individual income tax return.
～までに	by
その申請書は期末までにご提出下さい。	Be sure to submit the application by the end of the fiscal year.

【なるほど！】お役立ちウェブサイト

英語の税務メールを作成するときに参考となるウェブサイトをいくつかご紹介いたします。

■ 和英辞典・英語例文サイト
- ✓ WEBLIO http://ejje.weblio.jp/
- ✓ アルク（英辞郎 on the WEB） http://www.alc.co.jp/

日本語を入力すると，英語とその例文が表示される。言い回しなどの参考に便利。

■ 日本法令外国語訳データベースシステム（法務省）

（http://www.japaneselawtranslation.go.jp/）

法人税法・法人税法施行令・規則の外国法人関連部分の英語訳（暫定版）がある。法令の翻訳であるため，メールでそのまま使うにはわかりにくいが，用語の使い方などが参考になる。

■ 財務省ホームページ（英語版，税制関連部分）

（http://www.mof.go.jp/english/tax_policy/index.html）

毎年の税制改正について英語での説明がある。

■ 国税庁ホームページ（英語版）

（http://www.nta.go.jp/foreign_language/）

所得税の説明，設立時の届出の説明，租税条約の届出の説明など，実務的な説明がある。

- ■ 租税条約に関する届出書　様式（国税庁ホームページ）
  租税条約に関する届出書（源泉所得税）の各様式が掲載されている。
  http://www.nta.go.jp/tetsuzuki/shinsei/annai/joyaku/mokuji2.htm
- ■ 英語版：外国人向け確定申告の手引き／INCOME TAX AND SPECIAL INCOME TAX FOR RECONSTRUCTION GUIDE FOR ALIENS（国税庁ホームページ）
  http://www.nta.go.jp/foreign_language/individual/index.htm
  この手引きには所得税確定申告に関する説明の他，以下の様式の英訳がある。
  - 預貯金口座振替依頼書
  - 納付書
  - 納税管理人届出書

■ JETROホームページ＞Investing in Japan＞How to Set Up Business in Japan

（https://www.jetro.go.jp/en/invest/setting_up.html）

日本における法人設立手続等について説明がなされている。各種届出の英訳版，日本の税制の概要説明もある。

第 3 章

海外親法人等とのやりとり

日本企業の親法人が外国法人である場合，決算・税務申告や，税金が関係するさまざまな事象に関して，親法人の担当者とやりとりをする必要が生じます。

その際，日本の税制について説明しなくてはならない機会も少なからずあると思われます。相手は税務のプロフェッショナルであることが多いと思いますが，必ずしも日本の税制に通暁しているわけではありません。したがって，「税務には詳しいが日本の税制には詳しくない人」に対して，どのように先方が必要としている情報を適切に提供するか，という点が重要です。

本章では，日本の税務担当者と海外親法人の税務担当者のやりとりにおいて利用される英文例を，シーン別に記載しました。

【本章の構成】
1：決算業務に関するやりとり　p.70
2：日常業務に関するやりとり　p.93
3：プロジェクトに関するやりとり　p.111

1 決算業務に関するやりとり

　親法人が外国法人である場合，日本の法人税等の額を計算するのに際しても，スケジュール調整・質問・報告説明等，いろいろな形で，親法人の税務担当者とコミュニケーションをとる必要が生じます。

　以下では，決算業務に関連して外国親法人の税務担当者とやりとりをする際に必要となると思われる英文例を集めました。

【本節の構成】

1　スケジュール調整等　p.71

2　税額計算についてのやりとり　p.73

　❶　税額計算についての質問（p.73）

　❷　税額計算結果の送付・概要説明（p.77）

　❸　税務調整項目の説明（流出項目）（p.77）

　❹　税務調整項目の説明（留保項目）（p.82）

　❺　過少資本対策税制・過大支払利子税制（p.84）

　❻　グループ法人税制（p.86）

　❼　欠損金，税率，同族会社留保金課税（p.87）

　❽　税額控除（p.90）

　❾　地方税（p.90）

1　スケジュール調整等

スケジュール調整	
決算に関して，提出が必要となる資料やデータおよびそれらの提出期限を教えて下さい。	In relation to the book closing, please let us know what kind of information and data we need to provide as well as the submission due date.
決算に関して提出が必要となる資料は，(ⅰ)財務諸表，(ⅱ)未払税金計算シート及び(ⅲ)12月x日のメールでリクエスト頂いたデータと理解しております。	In relation to the book closing, we understand we need to submit (ⅰ) financial statements, (ⅱ) tax provision (package) sheets and (ⅲ) specified data requested in your email dated December xx.
以上でよろしいでしょうか？	Do they satisfy your requirement?
他に必要な書類があれば予め教えて下さい。	If you need more information, please let us know in advance.
20XX年の決算スケジュールを頂戴しました。	We have received the book closing schedule for FY20XX.
税理士が税額計算をするのが1月16日なので，1月15日までに決算を締めるのは難しいと思われます。	It may be difficult to close the book by January 15 since our tax accountant will calculate the tax due on January 16.
締切りを1月17日まで延ばしてもらえませんか？	Would you please extend the due date by January 17?
申告期限についての説明	
法人税，住民税，事業税及び消費税の申告及び納税期限は期末から2か月となっています。	The filing and payment due date for corporate income tax, local inhabitant tax, local enterprise tax and consumption tax is 2 months after the fiscal year end.
法人税と住民税，事業税については1か月の申告期限の延長が認められています。	A 1 month extention can be applied for the corporate income tax, inhabitant tax and enterprise tax returns.
当社は，法人税・住民税・事業税の申告期限につき1か月の延長の届出を提出しているので，申告期限は3月末となります。	We have already applied for a one month filing extension for corporate, inhabitant and enterprise taxes; the filing deadline is now the end of March.

1

決算業務に関するやりとり

71

（注意を促す意味も込めて）ご参考までに，申告書の提出期限は月末が週末や祝日の場合，翌営業日となります。	Please note that the filing deadline of the tax return becomes the next business day if the last day of the month falls on a weekend or public holiday.
２月末までに見込納付を行う必要があります。	We need to make estimated payments by the end of February.
見込納付税額の不足額，つまり確定税額から見込納付額を差し引いた金額については，利子税の対象となります。	Any shortage of payment, which is the final tax due minus estimated payments, is subject to interest tax.
消費税については申告期限の延長制度はありません。	A filing extension is not allowed for the Japanese consumption tax return.
税額計算は２月20日ごろに完了しますが２月28日までに納付する必要があります。	Calculation of tax due will be completed around February 20 and we need to pay it by February 28.
２月21日に送金額をお知らせしますので，２月23日までに確実に送金をお願いします。	I will inform you the amount of money to be remitted on February 21. Please be sure to remit it by February 23.
担当者の確認	
決算及び税務関連の問い合わせは誰にすればよいでしょうか？	Who should we inquire about the book closing and tax related matters?
決算及び税務関連の問い合わせは，アメリカ本社経理部のMr. ○○にすればよいでしょうか？	Should we ask Mr.○○ when we have inquiries about the book closing and tax related matters?

2 税額計算についてのやりとり

1 税額計算についての質問

全般（資本関係等）

法人税申告書には「完全支配関係を系統的に示す図」を添付する必要があります。	An "organization ownership chart" needs to be attached to the corporate tax return.
親会社の資本金及び資本剰余金の額を教えて下さい。	What is the parent company's paid in capital and capital surplus amount?
日本子会社のultimate shareholderは誰になりますか？ ☞ "ultimate shareholder" は，直訳すると「究極の株主」。親会社の株主やまたその親会社の株主など，究極的に誰に保有されているかを確認したいときに使う。特定同族会社の留保金課税の対象となるか確認する際などに必要。	Who is the ultimate shareholder of the Japanese subsidiary?

グループ間取引に関する質問 ☞グループ法人税制の説明はp.86

日本子会社の取引として親会社から指示された下記の2本（仕訳番号340, 341）の仕訳について，内容を教えて下さい。	Please let us know the purpose of the below two journal entries (No.340 and 341) which the parent company has asked you to create.
親会社と日本子会社間の契約関係書類をすべて送って下さい。	Please provide all intercompany documentations between the parent company and the Japanese subsidiary.
親会社（or 兄弟会社A）から8月1日付で25万円の請求書が来ています。 この請求書の内容詳細を教えて下さい。	The parent company (or sister company A) issued an invoice for JPY 250,000 on August 1st. Please confirm what this invoice relates to.
親会社（or 兄弟会社A）から6月25日付けで100万円の振込があったのですが，この振込の内容を教えて下さい。	A JPY1,000,000 transfer from the parent company (sister company A) was made on June 25th, please advise what this transfer relates to.

73

費用負担の内容の質問	
日本子会社への費用負担の請求書を受領しました。	The Japan subsidiary has received a cost allocation invoice.
請求の中に，[寄附金]が含まれている場合はその金額・相手先を教えて下さい。 ※□部分 ☞寄附金・交際費課税の説明→p.77, 78	If the cost allocation invoice includes [donations], please provide the corresponding amount and to whom the donations were made. ※□部分 Entertainment expenses
請求の中に飲食に係る交際費が含まれている場合は参加した人の人数・名前も教えて下さい。	If the cost allocation invoice includes entertainment expenses related to meals and drinks, please provide the number of participants and their names.
（続）請求の中に，日本子会社で資産計上すべきものが含まれていれば，その資産の詳細と金額を教えて下さい。 ☞減価償却費について→p.82 例えば，海外親会社と日本子会社とで共通仕様のPCを親会社で一括購入し，日本子会社分を請求してきた場合などが想定されます。	If the cost allocation invoice includes depreciable assets that should be capitalized by the Japanese subsidiary, please provide details of the assets including the corresponding costs.
交際費についての質問	
会計上交際費勘定以外の勘定で計上した税務上の交際費があれば教えて下さい。 ☞交際費について→p.77	Please provide details of any expenses not included in the "entertainment expense" account which should be treated as entertainment expenses for tax purposes.
役員報酬関連に関する質問	
すべての役員について，月別の報酬明細の一覧表をご提供下さい。 ☞役員報酬について→p.79	Please provide datails of the monthly compensation for each director.
当期中に支払った役員報酬で変動部分がありますか？	Did the directors receive any variable compensation during the fiscal year?
役員報酬の改定が行われているようです。改定事由の内容がわかる資料をご提供下さい。	It seems that there were changes in the director's compensation. Please provide details and reasons for the changes.

現物給与として会社が負担したもの（住居の家賃・水道光熱費など）があれば、明細を教えて下さい。	If there were any fringe benefits such as rent, utility expenses, etc., that were borne by the company, please provide details.
税務署に対して事前確定届出給与の届出をしている場合はその写しを下さい。	If you submitted a pre-notified directors' compensation form to the national tax office, please provide a copy.
当期中に新株予約権（親会社の株式も含む）の役員・従業員への付与はありましたか？	Were any stock options (including parent company's stock) granted to the company directors or employees during the fiscal year?
過年度に役員・従業員に付与された新株予約権について、当期中の行使はありましたか？	Did any director or employee exercise stock options during the fiscal year that were granted in previous fiscal years?

減価償却資産についての質問

日本子会社が保有する減価償却資産の減価償却費の償却方法と耐用年数を教えて下さい。	Please confirm the depreciation method and useful economic life for any depreciable assets held by the Japanese subsidiary.
日本の法人税法上、減価償却費の損金算入には損金経理要件があります。	Under Japanese tax law, depreciation needs to be booked as an expense in order for it to be deducted from taxable income.
（日本基準を適用したい場合）子会社の決算に使用する減価償却費の計算方法に、日本の法定償却方法及び耐用年数を採用しても問題ないでしょうか。	Can we apply the Japanese statutory method and useful economic life in calculating the depreciation charge?

租税公課

当期に支払った租税公課の一覧を下さい。☞租税公課について→p.81	Please provide a list of taxes and dues paid during the fiscal year.

引当金及び債務について

期末において財務諸表に計上された引当金はありませんか？☞引当金について→p.83	Were any provisions made in the financial statements?

1

決算業務に関するやりとり

75

当期に債務として計上したもののうち, 期末の時点では債務として確定していないものを教えて下さい。	Were any accrued expenses included in the financial statements whose amounts were not finalized at the fiscal year end?
過少資本対策税制	
外国親会社に対して支払った利息の額を教えて下さい。 ☞過少資本対策税制について→p.84	Please confirm the amount of interest paid to the foreign parent company.
外国親会社に対する月別の借入金残高を教えて下さい。	Please provide a report of the monthly balance of the loan from the foreign parent company.
その他	
税務上認識すべき簿外資産はありますか？	Are there any item included in the expense accounts which should be recognized as assets for tax purposes?
見積計上した費用はありますか？	Were any of the accrued expenses in the financial statements based upon estimates?
送付頂いたタックスパッケージに変更を加えたいので, ファイルのロックを解除して送って頂けますか？	We would like to make some adjustments to the tax package you sent. Could you please unlock the file and resend it to us?

【参考】いろいろな依頼資料の英訳例

決算作業・申告作業においては, 海外親法人の税務担当者に資料を依頼することがあります。以下に資料名の例を挙げておきます。

マネジメントフィーの算定根拠	Calculation basis for management fee
関係会社間の付替費用の内訳	Details of intercompany cost allocation
役員に対する報酬支払のリスト （経済的利益を含む）	List of salary payments to directors (including any economical benefit)
グループ資本関係図	Group organization chart

2 税額計算結果の送付・概要説明

税額計算結果の送付・概要説明

20XX年12月期の税額計算シートを送ります。 ☞法人税額計算表→資料3（p.228）	Please find attached the income tax calculation worksheet for the year ended December 31,20XX.
当期は前期に比べて税引前当期利益がXXX円減少したため，年税額がXXX円減少，中間納付額の還付が発生しています。	Since the pre-tax income decreased by JPY xxx, the annual income tax decreased by JPY XXX, resulting in a refund of the interim payment.
減資の結果，外形標準課税の対象からA社は外れました。この結果税額計算の内容が前期と異なっています。	Due to the decrease in capital, Company A is not subject to Factor Based Enterprise Tax from this year. Therefore, the tax calculation will differ from the previous year.

☞申告書の送付→p.52
　法人税申告書英訳例→資料5（p.233）

3 税務調整項目の説明―流出項目（過少資本税制等についてはp.84を参照）

交際費についての説明

交際費のうち損金算入限度額を超える部分の金額については損金不算入となります。	Entertainment expenses exceeding an annual threshold are not deductible for tax purposes.
損金算入限度額は以下の通りです。 中小法人：(ⅰ)又は(ⅱ)の金額（選択） (ⅰ) 飲食費の50％（社内飲食費を除く） (ⅱ) 800万円/年 大法人：飲食費の50％（社内飲食費を除く）	The annual threshold is calculated as follows: SMEs can elect to apply one of the following: (i) 50% of the sum of the entertainment expenses for food and drink (excluding those relating to internal entertainment) (ii) JPY 8 million/year Large corporations: 50% of the sum of the entertainment expenses for food and drink (excluding those relating to internal entertainment)
中小法人とは，資本金1億円以下の法人を指します。	An SME is defined as a corporation with paid-in capital of JPY 100 million or less.

以下の法人は資本金が1億円以下であっても，中小法人としての税務メリットを享受することができません —資本金が5億円以上の法人による完全支配関係がある法人 —同じ100％グループ内の資本金が5億円以上の複数の法人により完全支配されている法人	SMEs with paid-in capital of JPY 100M or less cannot enjoy tax benefits if they are wholly owned by: —A company with paid-in capital of JPY 500M or more —Two or more companies which are members of the same 100% group each having paid-in capital of JPY 500M or more

寄附金についての説明

国外関連者に対する寄附金はその全額が損金不算入となります。	Donations to foreign related parties are fully non-deductible.
国内の完全子会社に対する寄附金はその全額が損金不算入となります。	Donations to wholly owned domestic subsidiaries are fully non-deductible for the donor.
受贈者側では受贈益の全額が益金不算入となります。	For the donee, donation income is entirely non-taxable.
上記の取扱いは個人が寄附者と受贈者の株式を100％保有している場合には適用されません。	The above mentioned treatment for the donor and donee does not apply where an individual wholly owns the donor and donee companies.
完全支配関係者以外の国内の関連者に対する寄附金は，比較的小さい限度額の範囲内で損金算入となります。 ☞完全支配関係者について→p.86	Donations to domestic related parties other than 100% group companies are only deductible up to certain relatively small amounts.
公益法人や一定の公的機関等，完全支配関係者，国外関連者以外の者に対する寄附金の損金算入限度額は以下の通りです。 損金算入限度額＝課税所得×0.625％＋資本金等の額×0.0625％	The deductible limit for donations other than donations to governments, certain public interest facilitating companies, 100% group companies and foreign related parties, is as follows: Deductible limit = 0.625% of taxable income + 0.0625% of stated capital and capital surplus.

☞低額譲渡・無利息貸付・費用負担と寄附金認定について→p.129〜

役員報酬の損金算入可否の説明	
従業員への給与は原則として税務上損金算入となりますが，役員への報酬はその損金算入に一定の制限があります。	In principle, salary paid to employees is deductible for tax purposes but certain restrictions exist for directors' remuneration.
損金算入となる役員報酬は，ⅰ）定期同額給与，ⅱ）事前確定届出給与，及びⅲ）利益連動給与のみです。	The following types of directors' remuneration are deductible for corporate income tax purposes: i) fixed compensation, ii) pre-notified director compensation and iii) profit-based compensation.
【定期同額給与】 定期同額給与とは，その支給時期が1か月以下の一定の期間ごとである給与で，各支給時期における支給額が同額であるものをいいます。	"Fixed compensation" refers to salary and fringe benefits paid in equal and fixed installments on a monthly basis or shorter intervals throughout the fiscal year.
定期同額給与の改定については以下の場合のみ損金算入が認められます。 ⅰ）　その事業年度開始の日から3か月を経過する日までの毎年所定の時期に行う改定 ⅱ）　役員の職制上の地位の変更等やむをえない事情により行われた改定 ⅲ）　その法人の経営状況が著しく悪化したことによる定期給与の額の減額 前回の株主総会からその次の株主総会までの期間において上記以外の役員給与の改定があった場合，原則として損金算入することができません。	In order to be deductible for tax purposes, directors' fixed compensation can only be changed in the following situations: i)　At a prescribed date approximately three months from the first day of the fiscal year ii)　A change in directors' position due to unavoidable circumstances iii)　As a result of a worsening financial situation thereby requiring a reduction in directors' fixed compensation In general, the deduction will not apply for the tax year if the directors' fixed compensation is changed between the prior and subsequent annual shareholder's meetings in situations other than those described above.

【事前確定届出給与】 事前確定届出給与とは，役員に対し所定の時期に確定額を支給する定めに基づいて支給する給与です。一定の期限までに税務署に届出書を提出する必要があります。	Pre-notified directors' compensation refers to additional income whose amount and payment date is pre-determined by the company. In order to qualify for a tax deduction for pre-notified directors' compensation, a notification form needs to be submitted to the national tax office.
役員に対する報酬のうち不相当に高額な部分については損金算入できません。	If the remuneration to directors is considered unreasonably high, the excess amount will not be deductible.
A氏に支払ったボーナス3,000米ドルは，損金算入可能な役員報酬のカテゴリーのいずれにも当てはまらないため損金算入できません。	The USD 3,000 bonus paid to Mr. A is not deductible as it does not meet the necessary criteria for deductible directors' remuneration.
人事部から，20XX年中にA氏に関して支払った給与及び経済的利益の報告書を頂戴いたしました。	The HR department provided a report of salary and benefits paid to Mr A during 20XX.
検討した結果，以下の支払いは損金不算入になるものと判断しました。 ―6月に支払われたボーナス（300万円） ―A氏の子息の入学金（100万円）	Based upon our review we concluded that the following payments should be treated as non-deductible expenses for tax purposes: -Bonus paid on June (JPY 3M) -School admission fee for Mr A's son (JPY 1M)
退職給与の損金算入可否の説明	
役員退職給与については，それが業績連動給与でない限り適正な金額の範囲内で損金算入できます。	Provided they do not relate to performance based pay, retirement payments to directors are deductible to the extent they are reasonable.
受取配当金の益金不算入の説明	
内国法人が他の内国法人から支払いを受ける受取配当金については，一定の金額を益金不算入とすることができます。	A portion of the dividend income received by Japanese domestic corporations from other Japanese domestic corporations can be deducted from taxable income.

（受取配当のうち）益金不算入とする金額は他の内国法人の保有割合に応じて異なります。 ☞完全子法人からの配当→p.86	The amount that can be deducted depends on the ownership of the other domestic corporation.
【外国子法人株式に係る配当】 内国法人が外国子会社から配当を受ける場合は，その配当等の額の95%は益金不算入とすることができます。	95% of dividend income received by Japanese corporations from foreign subsidiaries can be deducted from taxable income.

租税公課の損金算入（不算入）の説明

次の租税公課は損金の額に算入できません。 ●法人税及び地方法人税，都道府県民税及び市町村民税 ●加算税，延滞税 ●罰金等 ●法人税から控除する所得税及び外国法人税	The below taxes and dues cannot be deducted from taxable income. ●National corporate income tax, local corporate income tax and local inhabitant tax (prefecture and city) ●Penalties and interest taxes relating to overdue tax payments ●Fines ●Withholding tax and foreign tax deducted from corporate tax
例えば以下の租税公課はそれぞれに記載されるタイミングで損金の額に算入できます。 申告書を提出した事業年度 ●事業税 ●事業所税 賦課決定のあった事業年度 ●固定資産税・償却資産税 ●不動産取得税 納付した事業年度 ●利子税・延滞金のうち申告期限の延長にかかるもの	For example, the below items can be deducted from taxable income based upon the specified timing. Fiscal year in which tax return is submitted： ●Enterprise tax ●Business office tax Fiscal year in which tax assessment are made: ●Fixed asset tax and depreciable asset tax ●Real estate acquisition tax Fiscal year when payment is made: ●Interest on tax as a result of an extension for the tax return submission

1

決算業務に関するやりとり

81

4 税務調整項目の説明—留保項目

有形固定資産（減価償却費）

減価償却の会計と税務の差については添付をご参照下さい。	Please refer to the attached schedule for the book-tax differences for depreciation expenses.
建物については，定額法が適用されます（定率法は適用できません）。	For buildings, the straight-line method will be applied (the declining balance method cannot be applied).
取得価額が10万円未満の資産については，損金経理を要件として，取得日の属する事業年度において損金算入できます。	Any asset whose acquisition cost is less than JPY 100,000 is deductible in the fiscal year of acquisition if it has been expensed in the accounts.
取得価額が20万円以上の資産については，法定償却方法により償却する必要があります。	Any assets whose acquisition cost is JPY 200,000 or higher need to be depreciated by a statutory depreciation method.
有形固定資産の減価償却資産の法定償却方法は4つあります。定額法，定率法，生産高比例法，リース期間定額法がそれです。	There are four types of statutory depreciation method: Straight-line method, declining-balance method, output proportion method and lease period straight-line method.
法定償却方法は以下の通りです。 ●建物・建物付属設備・構築物—定額法 ●機械及び装置，船舶，航空機，車両及び運搬具，工具並びに器具及び備品—定率法	The statutory depreciation methods apply as follows; ●Buildings, equipment attached to buildings, structures: Straight line method ●Machinery, vessels, aircrafts, vehicles, tools and instruments: Declining-balance method
減価償却費の損金算入については損金経理要件があります。	In order to be deducted from taxable income, depreciation costs need to be expensed for accounting purposes.
償却限度額の範囲内であっても損金経理がされていない金額は税務申告書上のみで損金算入することはできません。	Depreciation which has been expensed on the tax return but not the financial statements cannot be deducted irrespective of whether the amount is within the statutory limit.

未払費用引当金・未払賞与	
日本の現行法人税法上，損金算入が可能な引当金は限定されています。	Under the current Japanese corporate tax law, reserves and allowances cannot be deductible for tax purposes except limited items.
貸倒引当金は中小法人及び金融機関のみに対して認められます。 ☞中小法人の範囲→p.77	Bad debt reserves only apply to SMEs and financial institutions.
退職給与は法人税法上発生ベースで損金算入することができません。退職金は支払時に損金算入となります。	Retirement allowances cannot be deducted from taxable income on an accrued basis. In principle, they should be deducted during the fiscal year in which they are paid.
賞与については以下の要件を満たしたものについてのみ，未払計上をした事業年度において損金算入することができます。 ⅰ）賞与の支給を受ける使用人全員に支給額を各人別に通知 ⅱ）通知をしたすべての使用人に通知事業年度終了日の翌日から1か月以内に支払い終了 ⅲ）(ⅰ)の通知をした日の属する事業年度に損金経理	Accrued bonuses can be deducted from the taxable income during the fiscal year in which they were accrued subject to the follow criteria: i) A notification is issued to eligible employees that a bonus is paid and the corresponding amount. ii) Bonus payments are completed within one month of the day following the end of the fiscal year in which the announcement was made. iii) The amounts are accounted for as an expense during the fiscal year in which the announcement was made.

1

決算業務に関するやりとり

5 過少資本対策税制・過大支払利子税制

過少資本対策税制	
以下の数値がいずれも3を超える場合には，日本の過少資本対策税制の適用があります。 ⅰ）国外支配株主にかかる平均負債残高／国外支配株主の持分 ⅱ）平均負債残高／自己資本の額	Japan's thin capitalization rules apply subject to both of following ratios exceeding 3. ⅰ）Equity corresponding to the share of the foreign controlling shareholder / average balance of debt from the foreign controlling shareholder ⅱ）Average balance of interest bearing debt / capital
内国法人から国外支配株主に払った利子の一部は損金に算入することができません。	A certain portion of the interest paid by a Japanese company to a foreign controlling shareholder is not deductible from taxable income.
"国外支配株主に支払った利子"には，国外支配株主等に対する借入金利子のみならず，国外株主が保証した借入金に対する保証料も含まれます。	Interest paid to foreign controlling shareholders includes loan guarantee fees as well as any interest.
上記は日本の過少資本税制の概要になります。 もし日本子会社が過少資本税制の適用対象になるかどうかお知りになりたければご連絡下さい。	The above provides an outline of Japan's thin capitalization rules. Please let us know, if you would like to confirm whether the Japanese subsidiary is likely to be impacted by the thin capitalization rules,
本事例では，損金不算入となる利子の額は下記算式により計算されます。 損金不算入となる利子 ＝関係会社間利子×（B－A×3）/B A＝国外支配株主の資本持分 B＝国外支配株主に対する平均負債残高	In this case, the non-deductible portion of interest is computed using the following formula; Non-deductible interest = intercompany interest × (B − A × 3) /B A = Equity corresponding to the share of the foreign controlling shareholder B = Average balance of debt from the foreign controlling shareholder
20XX年の第1四半期末における負債／資本比率は3.45となっています（負債345百万円，資本100百万円）。	The debt / capital ratio at the end of Q1 of 20XX is 3.45 (total debt of JPY 345 million and capital of JPY 100 million).

この状況がつづくと，過少資本税制の適用により，利子のうち一定割合が損金算入できないかもしれません。	If the situation persists, some portion of interest may not be deductible under thin capitalization rules.
過大支払利子税制	
日本には過大支払利子税制があります。	We have earnings stripping rules in Japan.
一定の利子のうち所得の50％を超える部分は損金算入できません。	Certain interest payments exceeding 50% of taxable income cannot be deducted.

【参考】

「過大支払利子税制」の英訳

　「過大支払利子税制」を直訳すれば「Excess interest tax rules」となるのでしょうが，日本の過大支払利子税制に相当するものに米国の「Earning Stripping rules」があるため，この用語を用いたほうが，海外の専門家には通じやすいものと考えます。米国の税制と区別する必要がある場合には，「Japanese Earning tax stripping rules」と記載するのも一つの策でしょう。

6 グループ法人税制

グループ法人税制

内国法人である100％グループ法人間での一定の資産の譲渡損益については，一般に，その資産が再譲渡あるいは償却されるまで，繰り延べられます。	In general, capital gains and losses arising from transfers of certain assets between domestic "100% group companies" will be deferred until the asset is transferred to a non-group company or are written off.
一定の資産には，固定資産，土地，有価証券，金銭債権，繰延資産が含まれます（帳簿価額10百万円未満の資産は除外されます）	The assets include fixed assets, land, securities, receivables, and deferred expenses (excluding assets with a book value of less than JPY 10 million).
ここにおいて"100％グループ法人"とは一の者が持分を直接・間接的に100％保有する法人グループに属する法人を指します。	Please note that "100% group companies" in this context refers to companies within a structure comprising a parent company or individual which has 100% (direct or indirect) ownership of the subsidiaries.
100％グループ法人間での寄附金・受贈益は，受贈者において益金に算入されず，寄附者において損金算入されません。	Donations between domestic 100% group companies will not constitute taxable income for the recipient company and are non-deductible expenses for the company paying the donation.
100％グループ法人である内国法人から受領する配当金は，その全額が益金不算入となります。	Dividends received from domestic 100% group companies are fully excluded from taxable income.

☞連結納税については→p.135

7　欠損金，税率，同族会社留保金課税

欠損金

青色申告法人は欠損金を９年間（＊）繰り越すことができます。 （＊）2018年４月１日以後開始事業年度に係る欠損金については10年間	Corporations with blue-form tax return filing status may carry forward net operating losses (NOLs) for 9 years (*). (*) 10 years for NOLs incurred in tax years beginning on or after April 1, 2018.

欠損金は以下の金額まで所得金額と相殺できます。

【欠損金控除限度額】

NOLs can be offset against income based on the thresholds laid out in the table below.

【NOL utilization limit】

事業年度	欠損金控除限度額
2016年４月１日～2017年３月31日の間に開始する事業年度	所得の金額の60％
2017年４月１日～2018年３月31日の間に開始する事業年度	所得の金額の55％
2018年４月１日以後開始事業年度	所得の金額の50％

（＊）欠損金控除前の所得の金額

Tax year beginning	NOL utilization limit
From April 1, 2016 to March 31, 2017	60% of income (*)
From April 1,2017 to March 31, 2018	55% of income
On or after April 1, 2018	50% of income

(*) Taxable income before applying NOLs

中小法人については，上述の控除制限はありません。 ☞中小法人の範囲→p.77～78	Please note that the above thresholds do not apply to SMEs.
一定の中小法人については欠損金の１年間の繰戻しが認められています。	Certain SME may carry back NOLs one year.
A社（B社の親会社）の資本金が５億円を超えているため，B社は所得の60％までしか欠損金を使用することができません。	Since the registered capital of Company A (parent company of Company B) exceeds JPY 500 million, Company B can use NOLs to offset up to 60% of its taxable income.

1

決算業務に関するやりとり

87

20XX年12月31日現在の欠損金残高と使用期限は以下の通りです。	The NOL balance and expiration as of December 31,20XX is as follows.

NOL balance and expiration
欠損金残高と使用期限

NOL incurred in 欠損金発生年度	NOL balance as of December 31, 20XX (thousand yen) 20XX年12月31日 残高（千円）	Carry over period (years) 繰越年数	Expiration date 使用期限
FYE Dec 31, 2016 2016年12月期	100,000	9	FYE Dec 31, 2025 2025年12月期
FYE Dec 31, 2017 2017年12月期	200,000	9	FYE Dec 31, 2026 2026年12月期
FYE Dec 31, 2018 2018年12月期	300,000	10 (Note)	FYE Dec 31, 2028 2028年12月期

Note: The 9 year carryover period is extended to 10 years for NOLs incurred during fiscal years beginning on or after 1 April 2017.
（注）欠損金の繰越期限は，2017年4月1日以後開始事業年度より10年に延長された。

税 率

A社は中小法人に該当するため，所得のうち800万円までの金額については軽減税率（15%）が適用されます。 ☞中小法人の定義→p.77	Since Company A is an SME, a reduced tax rate of 15% will apply to income up to 8 JPY million.
住民税・事業税の税率は，地方によって多少異なります。	The tax rate for inhabitants tax and enterprise tax varies slightly depending on the prefecture and municipality.
参考として東京都の住民税・事業税の税率表を送付します。 ☞東京都の税率表（英語）は，東京都主税局のホームページ上の「英語版ガイドブック都税」に掲載されています。	For reference purposes, we have included an illustration of inhabitants and enterprise tax rates for Tokyo city.
繰延税金資産・負債の計算に用いた法定実効税率の計算式は以下の通りです。	Please find below the formula used to determine the statutory tax rate applied to calculate the DTA[*1] and DTL[*2]: *1: DTA→deferred tax assets *2: DTL→deferred tax liability

Statutory tax rate（法定実効税率）= (a) / (1+(b)) = 33.80%

(a)= 23.40[*1]×(1+10.3%[*2]+7.0%[*3])+9.6%[*4]

(b)= 9.6%[*4]

(*1): Corporate income tax（法人税）

(*2): Local corporate tax（地方法人税）

(*3): Inhabitant tax（住民税）

(*4): Enterprise tax（事業税）

特定同族会社の留保金課税

特定同族会社とは，会社の株主の1人及びその特殊関係者がその会社の発行済株式（出資）の50％を超える持分を有する会社等を指します。	A "special family corporation" is broadly defined as a company in which over 50% of the shares are owned by a single family shareholder group.
特定同族会社が有する留保金については一定の算式により課税が行われます。	Undistributed retained earnings held by a special family corporation are taxed in accordance with a certain formula.
一定の中小法人については，留保金課税は行われません。 ☞中小法人の範囲→p.77〜	The additional tax for undistributed retained earnings does not apply to certain SMEs.

8 税額控除

所得税額控除

利子や配当の受領の際に源泉徴収され，損金算入されていない所得税は，定められた計算式にもとづく控除限度額の範囲内で法人税額から控除することができます。	Income tax withheld on the receipt of interests or dividends and treated as non-deductible from corporate taxable income may be credited against corporate tax subject to limitations under the income tax credit rules.

外国税額控除

外国法人税を支払ったあるいは，利子・配当・使用料の受領の際に外国法人税を源泉徴収された日本法人は，一定の限度額計算のもと，その外国税額について法人税額から控除することができます。	Japanese corporations which paid foreign tax and / or withheld foreign tax upon receipt of interest, dividends or royalties may claim foreign tax credit against corporate tax subject to certain limitations under the foreign tax credit rules.

所得拡大促進税制

雇用者への給与等の支給を一定割合以上増加させる等の要件を満たした場合，所得拡大促進税制の税額控除の適用を受けることができます。	If a corporation meets the necessary criteria, such as increasing salaries by a certain percentage over the base year, it may claim a tax credit for promotion of income growth.
税額控除額は，給与増加額の10%で，その事業年度の法人税額の10%（中小企業者等については20%）を限度とします。	The allowable creditable amount is equal to 10% of the increase in salary payments over the base year. The creditable amount can be offset against up to 10% of the corporate tax (or 20% for SMEs).

9 地方税

住民税に関する説明

利益の有無にかかわらず均等割は発生します。	Regardless of income, corporations are subject to the per capita levy.

資本金等の額が10百万円以下，従業員が50人以下である法人の均等割の額は70,000円／年です。 ☞「資本金等の額」の「等」の英訳について→p.110	The per capita levy for companies with capital (*) of JPY 10 million or less and 50 or fewer employees is JPY 70,000 per year. (*) capital plus capital surplus for tax purposes

事業税に関する説明

事業税については，(a)外形標準課税と(b)所得割による課税との２種類があります。	There are two types of enterprise tax, (a) factor-based enterprise tax ("FBET"), and (b) income-based enterprise tax ("IBET").
資本金１億円超の法人は外形標準課税の対象となります。	Corporations with paid-in capital exceeding JPY 100 million are subject to FBET.
資本金１億円以下の法人は所得割のみ課税が行われます。	Corporations with paid-in capital not exceeding JPY 100 million are subject to IBET.
外形標準課税には，所得割，付加価値割，資本割があります。	The FBET consists of an income levy, added value levy and capital levy.
事業税外形標準課税の所得割，付加価値割，資本割の税率は以下の通りです。 ―所得割　　　3.6% ―付加価値割　1.2% ―資本割　　　0.5%	The tax rates for the income levy, added value levy and capital levy of FBET are as follows: - Income levy 3.6% - Added value levy 1.2% - Capital levy 0.5%
付加価値割と資本割は，欠損の場合でも発生します。	The added value levy and capital levy are payable even where the taxpayer is in a loss position.
付加価値割の課税標準は，以下の合計です。 (ⅰ)　報酬給与額 (ⅱ)　純支払利子 (ⅲ)　純支払賃借料 (ⅳ)　単年度損益（欠損金控除前）	The tax base for the added value levy is the sum of the following: (i)　salary (ii)　net interest paid (iii) net rent paid (iv) taxable income / loss before any NOL deductions

課税標準と所得に対する税率が異なることから，一般に所得が大きい法人には外形標準課税の方が有利で，所得が小さい法人には所得課税の方が有利な傾向にあります。	Due to differences in the tax base and tax rates applied to income, FBET will generally be advantageous for the corporations with a higher income, and IBET will generally be advantageous for companies with a lower income.

☞申告書の送付→p.52

　法人税額計算表→資料3（p.228）

　法人税申告書英訳例→資料5（p.233）

【こんなときの表記】以上，以下，超，未満

　税務の説明に際しては，限度額など数値の説明が必要となる場合が多くあります。以下に，英語における「以上・以下・超・未満」の表現をまとめました。

日本語	英語
A 以上	A or more / at least A / not less than
A 以下	A or less / not more than A
A 超	More than A / exceeding A / over A
A 未満	Less than A / below A / under A

（例文1）A company whose stated capital is <u>500 million yen or more</u>
　　　　　（資本金5億円<u>以上</u>の法人）

（例文2）Meal and drinking expenses whose cost is <u>5,000 yen or less per person</u>
　　　　　（1人あたり5000円<u>以下</u>の飲食費）

（例文3）<u>More than 50%</u> of the total outstanding shares
　　　　　（発行済み株式の<u>50%超</u>）

（例文4）Each asset whose book value is <u>less than 10 million yen</u>
　　　　　（帳簿価額<u>1千万円未満</u>の資産）

（例文5）Between 50% and 100%（more than 50% and less than 50%）
　　　　　（50%<u>超</u>100%<u>未満</u>）

2　日常業務に関するやりとり

　海外の親法人の税務担当者とのやりとりは，決算時に限られているわけではありません。利子配当使用料等を支払う際はもちろん，税務調査が行われる場合にもやりとりが必要となります。また，日本の税制改正の動向についても，適宜伝える必要があります。

　そこで，本節では，決算期以外の通常業務に関する例文を集めました。

【本節の構成】

1　源泉税一般・租税条約適用一般の説明	p.94
2　各種所得と源泉徴収	p.96
3　租税条約の適用に関する検討	p.99
4　租税条約の手続	p.100
5　日本支店の源泉税免除	p.102
6　税務調査	p.104
❶　税理士と会社担当者とのやりとり（p.104）	
❷　日本子会社と親会社担当者とのやりとり（p.106）	
7　税制改正についての説明	p.109

1 源泉税一般・租税条約適用一般の説明

源泉税率の説明

一般に，日本の居住者から非居住者に対して，配当 が支払われる場合，租税条約による減免が行われない限り，20.42％の源泉税が課されます。 ※□部分（その他支払の内容） ●利子 ●使用料 ●人的役務提供対価	In general, dividends paid by Japan resident companies to non-resident companies are subject to withholding tax at a rate of 20.42% unless the rate is reduced by tax treaties. ※□部分 ●Interest ●Royalties ●Professional service fees
一定の上場株式の配当に対する源泉税率は15.315％です。	The withholding tax rate on dividends from certain listed shares is 15.315%.
源泉税は一定の所得の支払に対して，支払時に課税がなされます。発生ベースで課税が行われる訳ではありません。	Withholding tax is levied on certain types of income paid on a cash basis. It does not apply to payments on an accrued basis.
「支払」は現金での支払に限らず，未払金との相殺や，未払利息の資本化などもこれに含まれます。	Payments include not only cash payments but those that are offset against receivables and capitalizing interest payables.

租税条約の適用（一般・共通）

日米租税条約が適用できると，源泉税率は10％に引き下げられます。	Withholding tax could be reduced to 10% under the Japan-US tax treaty.
日米租税条約による軽減税率の適用を受けるためには，配当の受領者は日米租税条約22条（特典の制限）の要件を満たす必要があります。	In order to benefit from a reduced tax rate under the Japan-US tax treaty, the recipient of the dividend must fulfill the requirements of Article 22 (Limitation Of Benefit) of the Japan-US tax treaty.
配当につき租税条約の軽減税率を適用するためには，非居住者は，所轄税務署に「租税条約に関する届出書」を提出する必要があります。	In order to apply the reduced rate for dividends under the tax treaty, non-residents must file an "Application Form for Income Tax Convention" with the relevant tax office.

配当の支払者が，受領者のために租税条約の届出書を提出する必要があります。	The payer of the dividend needs to submit the application for the tax treaty on behalf of the recipient.
届出書は支払の前に提出する必要があります。	The application must be submitted before payments are made.
日米租税条約による源泉税の免税の恩典を受けるためには，配当の支払前に，一定の書類を支払者経由で日本の税務署に提出する必要があります。	In order to benefit from a withholding tax exemption under the Japan-US tax treaty, certain forms must be filed with the Japanese National Tax Office by the payer on behalf of the recipient before the dividends are paid.
届出書の記載事項に変更が生じた場合，その変更が元本の増減や配当の増減である場合を除いては，受領者は届出書を再提出する必要があります。	The recipient needs to resubmit an application when there is any change in the statements on the application form, except if the change results in an increase or decrease in the "quantity of principal", or "amount of dividends".
もし（外国の）受領者が居住国において構成員課税を選択している場合，様式16（外国法人の株主等の名簿 兼 相手国団体の構成員の名簿）を提出する必要があります。	If the foreign recipient is a pass-through entity for tax purposes in the jurisdiction where it is resident, Form 16 (list of the members of foreign company or list of the partners of entity) must also be submitted.
もし届出書を支払日までに提出できない場合，20.42％の国内税率で源泉税が差し引かれることになります。	If the application form cannot be submitted by the payment date, tax will be withheld at prevailing domestic rate of 20.42%.
そのような場合，過払い部分の金額について届出書提出後に還付請求することができます。	In such case, a refund for the difference may be requested after submitting the application.

2　各種所得と源泉徴収

配　当	
日本－シンガポール租税条約により配当にかかる源泉税率は15％に軽減されます。	The Japan-Singapore tax treaty reduces the withholding tax on dividend payments to 15%.
日米租税条約によれば，50％以上の議決権を，基準日以前6か月以上継続して直接間接的に保有していた場合，源泉税率はゼロとなります。	The Japan-US treaty reduces the withholding tax rate on dividends to 0% for certain companies if the recipient owns more than 50% of the voting rights of the company paying the dividend for a period of at least six months prior to the dividend date.
ゼロ税率を適用するためには，配当受領者は条約濫用防止規定（第22条）における一定の要件を満たす必要があります。	To qualify for a zero tax rate, the recipient must satisfy certain requirements under the anti-avoidance rule (Article 22).
使用料	
日本の国内法では，著作権の使用に係る対価だけでなく，著作権の譲渡の対価も使用料に含まれます。 ※□□□□部分 ●特許権 ●商標権	Under Japanese domestic tax law, royalties include sales of copyrights in addition to fees for the use of copyrights. ※□□□□ 部分 ●patents ●trade marks
日本－ドイツ租税条約では著作権の譲渡対価は使用料に含まれません。	Under the Japan-Germany treaty, royalties do not include sales of copyrights.
一般的に，ソフトウェアの開発委託費は使用料に含まれません。	In general, fees for the consignment of software development are not considered a type of royalty.
しかしながら，当該取引が，その実質として著作権の譲渡と認められれば，使用料として取り扱い，源泉徴収の対象となります。	However, if the aforementioned transaction is regarded as a transfer of copyright in its substance, the fee will be treated as a royalty and therefore subject to withholding tax.

その データベース使用料 は税法上の使用料に該当し，源泉徴収が必要になる可能性があります。 ※□□□部分 ● ソフトウェア開発費 ● 商標使用料	The fee for use of the database may be considered as a "royalty" for tax purposes and subject to withholding tax. ※□□□部分 ● consignment of software development ● use of trademarks
日米租税条約によれば使用料に対する源泉税は免税となります。 ☞条約適用の検討→p.99 ☞条約適用手続→p.100〜	The Japan-US tax treaty provides a withholding exemption for royalty payments.

利子にかかる源泉税について

利子の支払いについては20.42％の税率での源泉徴収が必要になります（租税条約により低い税率が適用になる可能性あり）。	Please note that the interest payment would require tax withholding at a rate of 20.42% (reduced treaty rates may apply).
日本シンガポール租税条約を適用すると，源泉税率は10％となります。	By applying the Japan-Singapore tax treaty, the withholding tax rate would be reduced to 10%.
B社が日米租税条約第22条の適格居住者に該当するという前提においては，B社は10％の低減税率が適用できます。	Assuming Company B is a qualified resident under Article 22 of the Japan-US tax treaty, it is eligible to enjoy reduced 10% withholding rate on interest.
もしB社がA社から利息を徴収しない場合，その利息に対しての源泉税は課税されません。	If Company B does not charge interest on the loan to Company A, withholding tax is not levied on the interest.

人的役務提供対価

原則として外国法人に対して支払う専門的な人的役務の提供に係る報酬（弁護士報酬など）は20.42％の源泉税の対象となります。	In general, professional services fees (such as legal fees) paid to a non-resident company are subject to a withholding tax of 20.42%.
もしその人的役務が国外で行われた場合，その報酬は源泉税の対象とはなりません。	If such professional services are rendered outside Japan, the fee is not subject to withholding tax.

経営指導料	
一般的に経営指導料については，その役務の提供が国外で行われている限り源泉税の対象となりません。	In general, management fees should not be subject to withholding tax as long as the services are provided outside of Japan.
「経営指導料」の名目で支払っていても，その実質が使用料であれば，源泉税の対象となる点ご留意下さい。	Please note that even if the payment is made in the form of a "management fee", it may still be subject to withholding tax if the substance of the payment is royalty.

3 租税条約の適用に関する検討

租税条約の適用可否の検討に際しての質問	
資本関係図を頂けますか？	Could you please provide us with a group organization chart?
A社の株主構成をお知らせ下さい。	Please explain the ownership structure of Company A.
A氏，B氏，C氏は税法上米国居住者に該当するか確認頂けますか？	Could you please confirm whether Mr. A, Mr. B and Mr. C are US resident for tax purposes?
日米租税条約の特典を享受するには，配当の受領者は日米租税条約第22条第1項に記載されているカテゴリーのいずれかに該当する必要があります。	In order to enjoy the benefit under the Japan-US tax treaty, the recipient of the dividend must fall under one of the categories described in Article 22-1 of the Japan-US tax treaty.
A社のA種類株式はニューヨーク証券取引所に上場されていると理解しております。	It is understood that the Class A shares of Company A are listed on the NY stock exchange.
第22条1項(c)では，その主たる種類の株式が1または2以上の公認の有価証券取引市場において「通常取引される」ことを要するとしています。	Article 22 (1)(c) requires that the principal class of shares are "regularly traded" on one or more recognized stock exchange.
「通常取引される」として取り扱われるためには，下記の(a)を(b)で除したものが6％以上である必要があります。 (a) 20XX年中にNY市場で取引されたA社のA種株式の総数 (b) 20XX年におけるA社のA種株式発行済株式の年間平均	To be considered as "regularly traded", based on the below definitions, (a) divided by (b) must be at least 6%. (a) Aggregate number of Class A shares of Company A traded on the NY stock exchange during 20XX. (b) Average number of Company A's shares held during 20XX.
上記(a)(b)の情報をご提供頂けますか？	Could you please provide figures regarding (a) and (b) above?
A社は米国税制上，パススルーを選択していますか？	Has Company A elected for pass-through status for US tax purposes?

4　租税条約の手続

具体的な手続の説明	
B社が支払う配当について，A社が租税条約の適用を受けるための手続は以下の通りです。	The procedures for Company A to claim a treaty benefit in respect of the withholding tax on dividends paid by Company B are set out below.
必要な書類は以下の通りです (a) 配当に対する所得税及び復興特別所得税の軽減・免除（様式1） (b) 特典条項に関する付表（様式17） (c) A社の居住者証明書 (d) A社が租税条約の要件を満たすことを示す書類 (e) A社が特典条項における要件を満たすことを示す書類	The required forms and documents are as follows: (a) Form 1 "Application form for relief on dividends" (b) Form 17 "Attachment form for limitation on benefits article" (c) Certificate of tax residency for Company A (d) Documentation demonstrating that Company A satisfies the conditions for the treaty exemption (e) Documentation showing that Company A qualifies for treaty benefits under the limitation of benefits article
(b)に関しては，A社の株式が上場されていて，公認の有価証券市場において通常取引されていることを示す書類が必要です。	With regards to (b), documentation indicating that Company A's shares are listed and regularly traded on a recognized stock exchange would be required.
（上記を受けて）A社の株主名簿がよろしいと思われます。	A copy of Company A's shareholder registry would be appropriate.
ご参考に，様式1と様式17を添付します。☞租税条約届出書のウェブサイト→p.67	For your reference we attach copies of Forms 1 and 17.
様式の記入が完了し，必要な書類が整いましたら，B社に送付して，B社から税務署に提出してもらって下さい。	Once you have completed these forms and obtained the necessary supporting documents, they should be sent to Company B for submission to the national tax office.

居住者証明を入手するのに若干時間がかかることがある点，ご留意下さい。	Please note it may take some time to obtain the residence certificate.
書類の提出は，居住者証明を入手するまで待つ必要があります。	Submission of the treaty claim will need to wait until a residence certificate is available.
特典制限条項を有する租税条約による軽減税率の適用の届出に際しては，以下の証明書を提出する必要があります。	To apply the reduced tax rate under a treaty which has a limitation on benefits clause, the following documents should also be submitted.
届出書にサインをもらう	
届出書のドラフトを送付申し上げます。	Please find attached a draft application form.
ご確認の上，よろしければ3部（貴社控，提出，当社控）をプリントアウトの上，サインして当社宛ご送付下さい。	Upon satisfactory review of the attached draft please print three copies (for you, the tax office and our own record respectively) and sign and return them to us.
これらの書類は適切な権限のお持ちの方がサインする必要があります。	The documents should be signed by someone with appropriate authority.

居住者証明の取得には1～2か月を要することもあるので，ゆとりをもって準備をしたいですね。

5　日本支店の源泉税免除

日本支店の源泉税免除	
一般に，非居住者（外国法人日本支店を含む）に対する一定の国内源泉所得の支払については源泉税が課されます。	In general, payments of certain Japan-sourced income to non-residents, including Japan branches of foreign companies, are subject to withholding tax.
法人税の申告書を提出する外国法人日本支店は，国税当局から源泉徴収の免除証明書を入手し，支払者に提示すれば，源泉税が免除となります。	A branch of a foreign corporation which files corporate income tax returns will be exempt from withholding tax if it obtains a withholding tax exemption certificate from the tax authorities and presents it to the payer.
免除証明があっても，配当と利子については，源泉税が課される点ご留意下さい。これらは，居住者・非居住者のいずれもが課税されるものであることによります。	Notwithstanding an exemption certificate, dividend and interest income is still subject to withholding tax since it is levied on both residents and non-residents.

【参考】源泉徴収の対象となる所得の英訳例

日本語	英語	源泉税率
組合契約事業利益の配分	Distribution of business income pursuant to a partnership (kumiai) agreement	20.42%
土地の譲渡対価	Consideration for the transfer of land	10.21%
人的役務の提供対価	Personal service fee	20.42%
不動産の賃貸料	Rent fee of real property	20.42%
日本国債，内国法人の発行する債券の利子等	Interest from government bonds, bonds issued by Japanese corporations, etc.	15.315%
貸付金利子	Interest on loans	20.42%
上場株式に係る一定の配当	Qualified dividends from listed shares	15.315%
その他の配当	Other dividends	20.42%
使用料等	Royalties and rent	20.42%
給与等の人的役務の提供に対する報酬等	Employment income and compensation for personal services	20.42%
事業の広告宣伝のための賞金	Prizes paid for promotional and advertising purposes	20.42%
生命保険契約に基づく年金	Annuities (based on a life insurance contract)	20.42%
匿名契約等に基づく利益の分配	Distribution of profits from TK (Tokumei Kumiai)	20.42%

※上表は英訳例であり，全ての所得に対する源泉税率を網羅しているわけではありません。

6　税務調査

1　税務調査（税理士と会社担当者とのやりとり）

税務調査の一般的説明

一般に，税務調査は数年に1度行われます。	In general, tax audits will take place every few years.
税務調査に際しては，原則として，あらかじめ通知が行われます。	In principle, the tax authority sends a notice to tax payer prior to performing a tax audit.
税務調査の期間は，会社の規模，調査対象の複雑さ，資料の入手状況に応じて変わります。	The length of the tax audit varies depending on the size of the company, the complexity of items being reviewed and the availability of the information being requested.
A社の場合，1週間程度かかるものと考えます。	In the case of Company A, I think it will take approximately 1 week.

税務調査と修正申告・更正決定

調査官が示す修正に同意するのであれば，修正申告を提出し，追加納税することができます。	If you agree with any adjustments proposed by the tax auditor, you may file an amended tax return and pay any additional taxes which may arise.
修正に同意しない場合，修正申告書を提出する必要はありません。	If you do not agree with the proposed adjustment, it is not necessary to file an amended tax return.
税務調査において申告書に非違が発見されましたが，修正申告書が提出されなかった場合，国税当局は更正決定通知書を送付します。	If errors or mistakes were found in your tax return during the course of the tax audit and you do not file an amended tax return, then NTA* will send you a tax reassessment notification. *NTA=National Tax Agency

国税当局による更正決定の内容に不服がある場合，通知受領後3か月以内に以下のいずれかの請求を行うことができます。 （i）再調査の請求（国税当局に対するもの） （ii）審査請求（国税不服審判所に対するもの）	If you are dissatisfied with the tax reassessment made by NTA, you may file one of the below requests within three months of receiving the reassessment notification: (i) Request for reinvestigation (to NTA) (ii) Request for an appeal (to the National Tax Tribunal)

加算税についての説明

申告が過少になされ，税務調査後に修正が行われた場合，それが自主修正であれ更正決定であれ，過少申告加算税10%（一定の場合には15%）が課されます。	If the tax due was underreported and corrected after a tax audit (either by filing an amended tax return or NTA's reassessment), then a penalty tax at the rate of 10% (or 15% in certain cases) on the underreported amount will apply.
（上記を受けて）仮装隠ぺいが行われた場合には，税率は35%（一定の場合45%）となります。	In the case of fraud or concealment, the above rate will be increased to 35% (or 45% in certain cases).
（上記を受けて）年率4.2%の延滞税も課されます。	A interest tax of 4.2% per year will also apply.
一般に，延滞税の期間計算は申告期限後1年間を上限とします。	Generally, delinquency tax is only imposed for up to one year after the filing due date.
更正を予知しない修正申告については，加算税は課されません。	If you file an amended tax return without expectation of correction by NTA, no penalty tax will be imposed.

☞無申告に係るペナルティ→p.137
　口座引き落し残高不足→p.215

2 税務調査（日本子会社と親会社担当者とのやりとり）

税務調査のお知らせと事前準備

当社に税務調査の通知が来ましたのでお知らせします。調査は10月16日から開始，4 - 5 日程度かかるものと思われます。	I would like to inform you that we have received a notice for a tax audit. The examination will start on October 16 and will possibly continue for several days.
税務調査においては，調査官から，契約書や，取締役会議事録，給与関係の書類，会計記録などを求められる可能性があります。	In the course of the tax audit, the tax auditor may request copies of business contracts, directors' meeting minutes, payroll related documents and accounting records.
もし要求された資料が東京オフィスにない場合，資料の送付をお願いするかもしれません。その場合は，メールで資料の送付をお願いいたします。	If the requested documents are not held by the Tokyo office we may ask you to send the documents. In such case please send the documents by email.

調査期間中

税務調査官から以下の書類を請求されました。添付を調査官にお渡ししてもよいか確認のほどお願い申し上げます。〈請求資料〉 　　xxxx 　　xxxx	The tax auditor requested the below documents. Please confirm whether we can provide the attached? 〈Requested documents〉 　　xxxxx 　　xxxxx
調査官から経営指導料の算定根拠を求められました。	The tax auditor requested that we provide the calculation method for the management fee.
20XX年 4 月〜20XX年 3 月のサービスフィーについて内訳を送って下さい。	Please send me the service fee breakdown for period April 20XX to March 20XX.
調査官は 2 年以上決済されていないA社の長期未収金について受取利子を認識すべきであると言っています。	The tax auditor insisted that we should recognize interest income on the outstanding amount from Company A which has not been settled for more than two years.

調査官によれば，Z社に対する支払は役員に対する給与として取り扱い，法人税法上は損金不算入とすべきだということです。さらに，所得税の源泉徴収が必要ということです。	According to the tax auditor, the payment to Company Z should be treated as a director's bonus, which is not deductible for corporate income tax purposes. Furthermore, withholding tax needs to be paid on the amount.
サービス料の支払について，我々は，調査官に対して，役務が実際に提供されたこと，提供された役務の内容からして報酬水準が適切であることを何度も主張しました。	Regarding the service fee payment, we explained to the tax auditors several times that the service was actually conducted and the fee is reasonable based on the services performed.
しかしながら，彼らは当該支払が国外関連者寄附金として取り扱われるという考えを維持しています。	However, they maintain the view that the payment should be treated as a donation to a foreign related party.
調査結果の報告	
添付ファイルに，税務調査官からの指摘事項をまとめましたのでご確認下さい。	Please find attached a summary of the items the tax auditor suggested we amend.
我々は，これらの修正事項を受け入れるかどうか決める必要がありますが，この点，私は以下のように考えます。 ● (i)(ii)(iv)については，明らかなエラーなので，修正を受け入れるよりほかない。 ● (iii)については，いわゆる「グレーゾーン」だが，税額に対する影響も小さく，当局と争うことの手間ひまを考慮すると，これについても受け入れるべきである。	We need to decide whether or not to accept these amendments. My initial thoughts are as follows: ● Items (i), (ii) and (iv) are obvious errors and we have no choice other than to accept the amendments ● Item (iii) falls in a somewhat "gray" area, but since the impact on the tax due is relatively small and considering the time and effort necessary to challenge NTA, we should accept this too.
上記について同意されるかお知らせ下さい。	Please let us know whether you agree with the above.
この項目を修正すると，20X1年の所得は増加しますが，20X2年の所得は減少します。したがって通期でのインパクトは，主に加算税と利子となります。	Amending this item will increase the income for FY 20X1 and decrease the income for FY 20X2. The net impact would be nil except for the penalty and interest.

以下に修正に伴う追加納税額の見積りを記載します。 法人所得税 　　国税　　　　　　　　　　　　xx 　　地方税（住民税）　　　　　　xx 　　地方税（事業税）　　　　　　xx 　　　　　　　　　　　小計　xxxx 　加算税・延滞税 　　過少申告加算税　　　　　　　xx 　　延滞税　　　　　　　　　　　xx 　　　　　　　　　　　小計　xxxx 　　　　　　　　　　　合計　xxxx	Please find below our estimate for the additional taxes as a result of the amendment. 　Income taxes 　　National　　　　　　　　　　xx 　　Local (Inhabitant)　　　　　　xx 　　Local (Enterprise)　　　　　　xx 　　　　　　　　　Sub-total　xxxx 　Penalty and interest 　　Penalty　xxx×xx%=xxx 　　Interest　xxx×xx%=xxx 　　　　　　　　　Sub-total　xxxx 　　　　　　　　　TOTAL　　xxxx
修正申告書を提出する際には，修正に伴なう追加税額の納税も行う必要があります。	When filing an amended tax return, the additional tax due as a result of the amendment must also be paid.
ペナルティと利子については，国税当局から通知を受けてから支払う必要があります。	A penalty and any corresponding interest will need to be paid upon receipt of the payment notice from NTA.

7 税制改正についての説明

税制改正の流れ，大綱	
12月×日，20XX年与党税制改正大綱が公表されました。	On December X, the outline of Japan's 20XX tax reform proposal was announced by the ruling party of Japan.
1月には税制改正法案が国会に提出され，3月には成立する見通しです。	It is expected that the tax reform act will be submitted to the Diet on January and enacted in March.

改正内容の説明	
税制改正大綱には，税率変更や，減価償却方法の変更が含まれています。	The tax reform proposal includes a reduction of the corporate tax rate and an amendment to the depreciation method.
過少資本税制の改正が提案されました。	A revision to the thin-capitalization rules is proposed.
税務上，中小企業の特典を受けられる企業の範囲が改正されます。この改正により，A社は20XX年度から税務上は，中小企業として取り扱われないこととなります。	The scope of companies that can enjoy the SME tax relief will change. As a result of this change, Company A will no longer be treated as an SME for tax purposes from FY20XX.
役員給与の法人税法上の取扱いに関して以下の改正が行われます。	The following revisions will be made to the corporate tax treatment for directors' remuneration.
A社にとっての主な税務上の影響は次の通りです。	The key tax implications on Company A will be as follows:
法人税法の重要な改正がありました。	There has been an important change in Japanese corporate income tax law.

適用時期	
この改正は20XX年4月1日以降開始事業年度について適用されます。	The change will apply to fiscal years starting on or after April 1, 20XX.
この改正は20XX年4月1日以後に実施される組織再編成に対して適用されます。	The change will apply to reorganizations carried out on or after April 1, 20XX.

2

日常業務に関するやりとり

109

【こんなときの表記】 「等」をどう訳すか

　資本金**等**の額（法令8），株式**等**（法法23），特定資産譲渡**等**損失額（法法62の8），欠損**等**法人（法法58）など，税法用語には，実に多くの「等」が含まれます。

　ここで「等」は，直前の単語にプラスアルファの概念を追加する役割を果たしています。たった1文字で「ほかの概念も含まれています」ということを示す，とても便利な言葉なのです。

　しかしながら，英語にはこれと完全に同じように使える言葉がないため，英訳に際してはどのように訳すか頭を悩ませることになります（一定の場合にはetc.やand so on（forth）を利用できますが，主語に英語で「等」をつけるのはなかなか難しいといえます）。

　一つの対応方法としては，「等」部分を特段記載しないという方法が挙げられます。例えば「株式等」を単に「Share」と訳すなどがそれです。「株式等」には「株式」も「出資」も含まれているわけですが，英語で「Share」とすることにより意味を著しく損なうということはないので，一語にするわけです。

　ただ，そのような「一語対応」がうまく機能しない場合もあります。例えば，「資本金等の額」。これを「Capital」と記載すると，文脈によっては正確ではなくなります（文脈によってはCapitalでも大丈夫な場合もありますが）。このような場合には，「等」に含まれる概念を追加して記載（この場合Capital Surplus）したり，ローマ字で「shihon-kin-to-no-gaku」と示して，固有概念であることを示します。

　このように，「等」については，文脈・説明すべき内容に応じて，言葉を補うべきかどうかを判断する必要があります。

　日本語においては便利な「等」ですが，英訳する際には，やっかいな代物になるのです。

3 プロジェクトに関するやりとり

　海外の法人が日本に進出する場合，その入り口（設立・買収）から活動期間を経て，最終的には出口（株式譲渡・解散等）まで，さまざまな課税関係が生じます。

　海外の法人の日本子会社等の税務に携わる場合，こうした主要な取引の課税関係について質問を受けることがあります。

　本節では，日本における法人の設立から，増資，組織再編成，株式譲渡・解散まで，さまざまな重要取引について，海外親法人に対して説明する場合の例文を集めました。

【本節の構成】
1　海外の会社が日本に子会社を設立する場合の税務のやりとり　p.112
　❶日本の会社の形態の説明（p.112）
　❷日本の法人税課税，設立時の課税の説明（p.114）
　❸会社の設立手続の説明（p.116）
　❹会社設立の税務手続・設立時の資本金（p.116）
　❺青色申告について（p.117）
　❻会社設立と社会保険の手続（p.120）
2　親子会社間の資金のやりとり　p.121
　❶増資（p.121）
　❷子会社貸付（p.122）
　❸資本払戻し・自己株式取得（p.124）
　❹債務免除・DES（p.127）
　❺寄附金・国外関連者（p.129）
3　日本子会社の組織再編成に関するやりとり　p.131
　❶組織再編成・組織変更（p.131）
　❷M&A, 100％子会社化（p.134）
　❸連結納税（p.135）
4　投資の終了に関するやりとり　p.136
　❶株式譲渡（p.136）
　❷解散・清算（p.138）

111

1 海外の会社が日本に子会社を設立する場合の税務のやりとり

　海外の法人が日本に子会社を設立する際の，税務手続等に携わる場合，親法人の税務担当者から，税務だけでなく法務・社会保険などのいろいろな質問を受けることがあります。

　以下では，法的な説明は弁護士や社会保険労務士を紹介することを前提としつつ，これらについても簡単な説明を行う場合の英文例を記載しました。

1 日本の会社の形態の説明

日本の会社の形態	
日本の会社の形態には合名会社，合資会社，合同会社，株式会社の4形態があります。	There are currently 4 types of corporate vehicle in Japan: gomei kaisha, goshi-kaisha, godo-kaisha, kabushiki-kaisha.
（これらのうち）一般的なのは株式会社と合同会社です。	The most common types are Kabusihiki-kaisha or Godo-kaisha.
合資会社や合名会社は少なくとも1名の無限責任社員が必要であるため，あまり利用されていません。	Gomei-kaisha and goshi-kaisha are uncommon as they require at least one member to have unlimited liability.
有限会社は中小企業でよく利用されている会社形態です。	Yugen kaisha (YK) is a corporate vehicle largely adopted by small and medium enterprises.
2006年の会社法施行後，有限会社は新規に設立できなくなりました。	Since Companies Act 2006, it has not been possible to establish new YK vehicles.
2006年の会社法施行前に設立された有限会社は存続できます。	YK vehicles established prior to the enactment of Companies Act 2006 can continue to exist.

112

株式会社について

「株式会社」とは株式形態の会社で，日本では最も一般的な会社形態です。 ☞会社の略語→p.120	Kabushiki-kaisha (KK) is a joint stock corporation and is the most widely used corporate vehicle in Japan.
外国会社の日本子会社の形態としてよく用いられているのは株式会社です。	KKs are the preferred corporate vehicle for foreign companies when they establish subsidiaries in Japan.
日本の大企業の多くは株式会社の形態を採用しています。	KKs are the most common type of corporate vehicle for major Japanese companies.

合同会社について

合同会社は（有限会社に代わって）2006年に導入された新しい会社形態です。	A godo-kaisha (GK) is a new type of corporate vehicle introduced in 2006 (to replace YKs).
合同会社は一般に（他の会社形態に比べて）それほどなじみ深いものではありません。	Japanese are generally less familiar with GK corporations (compared to other types of corporation).
合同会社は米国のLLCと似ていて，1名以上の有限責任社員から成ります。	GKs are similar to US limited liability companies and have one or more members with limited liability.
合同会社は米国税務上パススルーとして取り扱うことができるため，親法人が米国の場合よく利用されます。	GK structures are particularly popular amongst US headquartered companies since they can be treated as "pass-through" entities for US tax purposes.

株式会社と合同会社の比較

株式会社の場合，払込金額の50％以上を資本金に組み入れる必要がありますが，合同会社では必要ありません。 ☞「以上」，「超」の使用方法について →p.92	For KKs at least 50% of the capital must be allocated as registered capital. This requirement does not exist for GKs.

2 日本の法人税課税，設立時の課税の説明

日本における法人税の課税概要

内国法人については，以下の税金が課されます。 ● 法人税（国税） ● 地方法人税（国税） ● 住民税（都道府県，市町村） ● 事業税（都道府県）	Domestic corporations are subject to below taxes. ● National corporate income tax (National) ● Local corporate income tax (National) ● Inhabitant tax (Prefecture and municipal) ● Enterprise tax (Prefecture)
法人はその全世界所得に対して法人税の課税がなされます。	Corporations are subject to corporate income tax on their worldwide income.
大法人に係る実効税率は約30％です。	The effective tax rate for large companies is approximately 30%.
中小法人に係る実効税率は約34％です。	The effective tax rate for small and medium sized companies is approximately 34%.
東京都に所在する資本金1億円超の法人に係る実効税率は約29.74％です	The effective tax rate for corporations operating in Tokyo with paid in capital of over JPY 100 million is 29.74%.
実効税率（東京：30.62％）の内訳は以下の通りです。 ☞次頁	The makeup of the effective tax rate (of 30.62%) in Tokyo is set out below.
内国法人は，原則としてその全世界所得について法人税・住民税の課税がなされます。	Domestic corporations are subject to national corporate income tax and inhabitant tax on their worldwide income.
法人税，住民税，事業税の申告納付期限は，期末後2か月を経過する日です。	The filing and payment due date for national corporate income tax, local inhabitant tax and local enterprise tax is 2 months after the fiscal year end.
申告期限は1か月延長することができます。	Companies may apply for a one month filing extension.

☞欠損金・税率については→p.87
☞地方税課税一般については→p.90〜

【参考】実効税率計算表の英訳例

Effective tax rate (Tokyo)〈実効税率（東京）〉（＊1）（＊2）

Tax （税目）	Tax base （課税標準）	Tax rate (nominal) （表面税率）	Tax rate on income（所得に 対する税率）
National　国税			
Corporate income tax（法人税）	Income （所得）	23.4%	23.4%
Local corporate income tax （地方法人税）	Corporate income tax（法人税額）	4.4%	1.03%
Local (Tokyo)（地方）（東京）			
Inhabitant tax 住民税	Corporate income tax（法人税額）	16.3%	3.81％
Enterprise tax （事業税）	Income（所得）	10.07%	10.07%
Total tax rate （合計税率）			38.32%
Statutory effective tax rate（法定実効税率）			34.81%

（＊1）Effective tax rate for corporations with paid in capital of JPY 100 million yen or less.（資本金1億円以下の法人の実効税率）

（＊2）Actual effective tax rate should be slightly lower than that indicated as a reduced rate applies to income up to a certain amount.（一定額まで軽減税率が適用される結果，実際の実効税率はこれよりも低くなる）

【外国からの質問あるある】

local corporate income tax って
地方税（local tax）なの？
国税（national tax）なの？

分かりにくくて
スミマセン…

3 会社の設立手続の説明

会社を設立するのにかかる時間

一般的に，株式会社を設立するのにはおおむね3－4週間かかります。	Usually, it will take three to four weeks to set up a kabushiki-kaisha.

会社設立手続

会社設立手続の詳細については，弁護士又は司法書士にご相談下さい。	Please consult with a lawyer or judicial scrivener (shiho-shoshi) regarding details of the incorporation procedure.
以下のウェブサイトで，日本での会社設立手続に関する役に立つ情報が得られます。 http:// xxxxxxx ☞会社設立手続に関する情報（英語）が掲載されているウェブサイト→p.67	The below web site provides useful information about the incorporation process in Japan: http:// xxxxxxx

4 会社設立の税務手続・設立時の資本金

税務上の設立関連書類の提出

税務当局に提出すべき書類は会社の状況によっても異なりますが，一般的に提出が必要な書類は次の通りです。 ・・・・ ☞各種届出書の英文名→資料2（p.225～）	The documentation required by the tax authority varies depending on the type and circumstances of the corporation. The most common are listed below:

資本金による課税関係の相違

会社設立時には，資本金の水準について慎重に検討することが重要です。	When setting up a corporation, it is important to consider the amount of paid-in capital.
資本金が10百万円未満の場合，一般的に，その法人は当初2年間は消費税の納税義務を負いません（納税義務者を選択することもできます）。	If the amount of paid-in capital is less than JPY 10 million, in general the company does not need to file consumption tax returns for the first 2 years after establishment (although the company may elect for consumption tax filing status if it wishes).

資本金が1億円以下の場合，事業税外形標準課税の対象とはならずに，所得課税が行われます。	If the amount of paid-in capital is JPY 100 million or less, the company is not subject to factor-based enterprise tax but is subject to income-based enterprise tax.
資本金が1億円以下の場合，その法人は以下のような中小法人に対する特典を享受することができます。 ● 軽減税率（23％→15％）（課税所得800万円まで） ● 欠損金の55％控除制限の適用なし ● 欠損金の繰り戻し ● 特定同族会社の留保金課税の適用除外 ● 交際費800万円まで全額損金算入	If the amount of paid-in capital is JPY 100 million or less, the company will be able to enjoy the following SME benefits: ● Reduced tax rate (23%→15%) for the first JPY 8 million of income ● No 55% limitation for NOL utilization ● NOL carry back option ● No additional tax on retained earnings for special family corporations ● 100% deduction of entertainment expenses with a cap of JPY 8 million
資本金の額が1億円超であっても，資本金5億円以上の大法人に完全支配されている法人は「中小法人」として取り扱われません。 ☞「中小法人」の範囲→p.77～	Please note that even if the paid-in capital is JPY 100 million or less, a corporation does not qualify as an SME if it is wholly owned by a large corporation whose capital is JPY 500 million or higher.
「中小法人」の定義は少々複雑です。もしグループ資本関係図を頂戴できればA社が法人税法上中小法人に該当するかを検討させて頂くことができます。	The rules regarding the definition of SME are complicated. If you can provide the group organization chart we can analyze whether Company A should be categorized as an SME for Japanese corporate income tax purposes.

☞会社設立時提出書類について→p.225

5 **青色申告について**

青色申告

青色申告法人となることにより，ⅰ）欠損金の繰越しや，ⅱ）特別償却，ⅲ）試験研究費の特別控除などが適用可能となります。	Obtaining blue-form tax return filing status confers a number of benefits upon the company such as (i) loss carry-forward, (ii) accelerated depreciation and (iii) tax credit for research and development.

青色申告法人のみが欠損金の繰越しを認められています。	Only companies which have blue-form tax return filing status can carry forward losses.
青色申告法人となるためには，期限内に申請書を提出する必要があります。	In order to obtain blue-form tax return filing status, an application must be filed in a timely manner.
青色申告申請書の提出期限は以下の通りです。 ●設立初年度：ⅰ）設立の日以後3か月とⅱ）最初事業年度の終了の日のいずれか早い日 ●設立2期目以後：前事業年度終了日	The filing due date for the application for blue-form tax return filing status is as follows: ●The first fiscal year after establishment: The earlier of (i) three months after establishment, and (ii) the last day of the first fiscal year. ●Second fiscal year and thereafter: The last day of the previous fiscal year.
会社を設立後，3か月内（期末と設立後3か月のいずれか早い日まで）に青色申告書の承認申請書を提出すべきです。	After establishment of a company in Japan, you should file an application for blue-form tax return filing status within three months (or by end of the first fiscal year, if earlier).
（上記の続き）そうしないと，初年度の欠損金を繰り越すことができません。	Otherwise, any loss incurred during the first year cannot be carried forward.
帳簿を適切に作成しなかったり，申告書を提出期限までに提出しなかった場合には，青色申告が取り消されることがあります。	Failure to maintain the accounting books appropriately or submit corporate income tax returns in a timely manner will result in revocation of blue-form tax return filing status.

青色申告の取消し事由は以下の通りです。 ● 帳簿書類の備付，記録，保存が財務省令に従って行われていないこと ● 帳簿書類について税務署長の指示に従わなかったこと ● 仮装して記録又は取引の隠ぺいがあったこと ● 申告期限までに（2回連続して）申告書を提出しなかったこと	The following will lead to the revocation of blue-form tax return filing status: ● Failure to maintain books in accordance with the order of Ministry of Finance. ● Failure to follow the instructions of the director of the tax office with regard to the books. ● Recording transactions in a fraudulent manner or concealing transactions. ● Failure to file corporate income tax returns by the filing due date (in two consecutive cases).
2期連続で無申告あるいは期限後申告の場合，青色申告の承認が取り消されます。	If a company fails to file corporate income tax returns by the due date over two consecutive years, blue-form tax return filing status will be revoked.
青色申告が取り消されると，青色申告に伴う様々な特典（欠損金の繰越しなど）が利用できなくなります。	Once blue-form tax return filing status is revoked, a company cannot enjoy any of the benefits for which blue-form tax return staus provides, such as loss carry-forward.

 「青色申告」について

　「青色申告制度」は日本独特の制度であるため，外国の方に対しては，青色申告の申請書の提出の際などに，制度そのものの説明が必要となることがあります。

　この際，「青色申告」の直訳"Blue-form tax return"だと，申告書の色の話として伝わりかねないため，文脈によって"Blue-form tax return filing status"（青色申告を行う地位）とか"Privilege of filing a blue-form tax return status"（青色申告特典）と訳したり，特殊な意味で使用していることを表すためにカッコをつけて"blue form tax return"と表したりすることがあります。

6 会社設立と社会保険の手続

会社設立に際しての社会保険の手続

会社設立後，以下の社会保険の届出も必要です。 ☞社会保険の設立時届出の英訳例 　→p.227	The following notifications concerning social insurance must be submitted after a company is established.
社会保険手続について詳しい情報が必要な場合，その旨お知らせ下さい。	If you need further information regarding social insurance, please let me know.
社会保険についての詳細は社会保険労務士にお尋ね下さい。	For details about social insurance, please consult with a labor and social security attorney (shakaihoken-romushi).

 日本の会社・組織の略称について

　会社の形態や組織の形態については，日本語をそのまま縮めた略称を使用することが多くあります。よく使用されるものとしては，以下が挙げられます。

日本語	英文略称	英文表記
株式会社	KK	Kabushiki-Kaiha
有限会社	YK	Yugen-Kaisha
合同会社	GK	Godo-Kaisha
匿名組合	TK	Tokumei-Kumiai
任意組合	NK	Nini-Kumiai
特定目的会社	TMK	Tokutei-Mokuteki-Kaisha

実際の発音は「かぶしきがいしゃ」「ゆうげんがいしゃ」と，濁ることが多いですけど，表記上は「Kaisha」にすることが多いです。

2 親子会社間の資金のやりとり

1 増 資

増資に係る税金	
A社に対しては，その増加資本金につき0.7％の登録免許税が課されます。	Company A is subject to registration tax of 0.7% on the increase of registered capital.
増資金額のうち，50％は登録免許税の対象とならない資本準備金とすることができます。	50% of the increase in capital may be treated as capital surplus and not subject to registration tax.
外形標準課税の資本割が以下の金額だけ増加します。 増加資本割額＝資本注入金額×0.5％	The capital levy for factor-based enterprise tax will increase by the following amount. Increase of capital levy = amount of capital injected x 0.5%
均等割も増加します。	The per-capita levy of inhabitant tax will also increase.
A社の均等割の金額は，現状7万円／年ですが，18万円／年に増加します。	Company A's per-capita levy will increase to JPY 180 thousand per year from the current JPY 70 thousand per year.
増資をしても，資本金等の額が1億円を超えない限り，均等割の額は増加しません。	A capital injection will not increase the per-capita levy for Company A provided that the sum of paid-in capital and capital surplus does not exceed JPY100 million.
株主割当と有利発行について	
株主割当の方法により新株を発行するのであれば，時価未満（超）発行により法人税の課税問題が生じることはありません。	If new shares are issued to shareholders on a pro-rata basis, share issuance at under or overvalue does not create any income tax implications.
取締役に対する有利発行を行う場合（第三者割当増資）	
取締役に対する株式の有利発行は，当該取締役と会社双方に課税上の問題を引き起こします。	The issue of shares to a director at under value would trigger income tax issues for the director as well as the company.

121

株式の時価と発行価額の差額は，所得税法上，B氏への給与として取り扱われ，X社においては源泉徴収義務が生じます。	The difference between FMV (*) and the issued price of the shares would be treated as salary for Mr. B for Japan individual income tax purposes, and Company X would be required to withhold the tax upon payment. (*) FMV=Fair Market Value
法人税法上，当該費用は損金算入可能な役員報酬のカテゴリのいずれにも該当しないため，損金算入することができません。	For corporate income tax purposes, such cost is not deductible since it does not fall within any of the categories of deductible remuneration for directors.

2 子会社貸付

関係者間借入を行う際の留意事項・過少資本税制	
関係会社間借入の利率を適正水準とするよう気を付けて下さい。	We recommend you ensure the interest rate on the inter-company loans is consistent with the arm's length rate.
過少資本税制にも気を付ける必要があります。 ☞過少資本税制→p.84 ☞過大支払利子税制→p.85	You should also take care to not create issues related to thin-cap rules and earning stripping rules.
ごくおおざっぱに言って，日本の過少資本税制は負債－資本比率が３：１を超えた場合に適用されます。	As a very general rule, Japan's thin capitalization rules would apply when the debt-to-equity ratio of the company exceeds 3 to 1.

無利息貸付と寄附金	
B社に対する貸付は10か月間決済されていないので，寄附金問題を避けるためには，B社から利息を徴収すべきと考えます。 ☞国外関連者間寄附金→p.78 ☞債務免除：DES→p.127	Since the amounts from company B have not been settled for 10 months, in order to avoid donation issues, We suggest that interest is collected from Company B.

【こんなときの表記】数値の記載と計算に関する頻出用語

　大きい数値を表記する場合，数値だけで長くなってしまうので，例えば，195,000,000を195 million，さらに省略して195Mといった形で表示することがあります。

　以下に，その例を挙げておきます

【数値の省略例】

数値	英語	省略形	使用例
千	Thousand	K, k	20,000⇒20K
百万	Million	M, m	194,000,000⇒194M
十億	Billion	B, bn	3,200,000,000⇒3.2B

　また，この他に数字・計算に関する頻出用語をいくつか挙げておきます。

【計算頻出用語】

日本語	英語	日本語	英語
足す	add	分子	numerator
引く	subtract	分母	denominator
乗ずる	multiply	切り捨て	round down
割る	divide	切り上げ	round up
合計	total	端数	fraction

「100円未満切捨て」は
"Round down to the nearest 100 yen"
となります。

3 資本払戻し・自己株式取得

資本払戻し	
会社が金銭を株主に還流したい場合，これを達成する方法としては配当と自己株式取得の2つの方法があります。	Assuming the company has a certain amount of cash it wishes to return to shareholders, the two ways it can achieve this are through dividends and share repurchases.
配当は，資本剰余金，利益剰余金のいずれを原資とすることもできます。	A company can issue dividends using capital surplus and/or retained earnings.
分配可能額は会社法により規定されています。	The distributable amount is stipulated under Companies Act.
減資手続と課税関係	
資本金の減少登記に際しては登録免許税が0.7％かかります。	A capital registration tax of 0.7% is levied on the paid-in capital decrease.
減資に際しては，株主総会決議や公告といった法律上の手続が必要となります。	Decreasing the share capital involves several legal steps such as passing a resolution at a shareholders' meeting or issuing a public notice.
資本金額が1億円以下になると，事業税外形標準課税の適用外となり，事業税は所得割のみの課税となります。	If the paid-in capital is decreased to JPY 100 million or less, then the company is not subject to factor-based enterprise tax and instead subject to income based enterprise tax.
資本金額が1億円以下の法人には軽減税率などの優遇措置があります。しかしながらA社は大法人の子会社なのでこれらの優遇措置は適用されません。☞「中小法人」の範囲→p.77〜	There are favorable tax treatments such as a reduced income tax rate for small or medium sized companies with paid-in capital of JPY 100 million or less. However, Company A is not eligible for such special tax treatment since it is a wholly owned subsidiary of a large company.
法務アドバイザーに詳細を確認することをお勧めいたします。	I recommend you consult with your legal advisor for further details.

無償減資による課税関係	
無償減資により，株主に税金が発生することはありません。	Reducing the share capital without cash payments to shareholders does not cause any tax on the shareholders.
無償減資をしても，資本金等の額は増減しません。	The amount of capital and capital surplus for tax purposes does not change by reducing share capital without cash payment.

自己株式取得による課税関係（株主側）	
自己株取得が行われた場合，株主に支払われた額の一部は配当とみなされ，残りは株式譲渡対価とみなされます。結果として，株主側で譲渡損益が生じます。	In a share buyback, a portion of the money paid to the shareholder is deemed as a dividend and the rest is deemed to be consideration for the purchased shares, resulting in capital gains or losses for the shareholder
自己株取得に係るみなし配当の金額は以下の算式により計算します。	The deemed dividend amount on a share repurchase will be calculated using the following formula:

$$
\begin{array}{l}
\text{Amount of consideration received} \\
\text{(収受した対価の額)}
\end{array}
-
\begin{array}{l}
\text{Sum of capital and capital surplus for tax purpose} \\
\text{(資本金等の額)}
\end{array}
\times
\dfrac{
\begin{array}{l}
\text{Number of shares repurchased} \\
\text{(取得株式数)}
\end{array}
}{
\begin{array}{l}
\text{Number of issued shares (*)} \\
\text{before the share repurchase} \\
\text{(自己株取得直前の発行済株式数)}
\end{array}
}
$$

(*) excluding treasury stock
（自己株式を除く）

発行会社による自己株式の取得が行われ，株主に支払われた対価が，取得株式に対応する資本金等の額を超える場合，当該超える金額については配当とみなされます。	If a company redeems its shares and the money paid to shareholders exceeds the portion of capital attributable to the shares redeemed, the excess amount will be deemed as a dividend.

☞非居住者による株式譲渡に係る課税関係→p.136
☞配当に係る源泉税→p.96

自己株式取得による課税関係（発行法人側）	
自己株式の取得を行った場合，発行法人側においては以下の金額の資本金等の額の減少を認識します。 〈資本金等の額の減少額〉 （資本金等の額） $\times \dfrac{\text{取得自己株式の数}}{\text{自己株式取得直前の発行済株式総数}^{(*)}}$ （＊）自己株式を除く	When a company repurchases its shares, the decrease in capital and capital surplus should be recognized for tax purposes in accordance with the below calculation. 〈decrease in capital and capital surplus〉 (Capital + capital surplus for tax purposes) $\times \dfrac{\text{Number of shares repurchased}}{\text{Number of issued shares (*) before the share repurchase}}$ (*) excluding treasury stock
残額は利益積立金額の減少として認識します。	The remaining balance should be treated as a decrease in retained earnings for tax purposes.
資本払戻しの課税関係（株主側）	
減資に伴い払戻しが行われた場合，税法上の資本の減少額を超える部分の金額はみなし配当として取り扱います。	When a company makes a distribution to its shareholders in the course of a reduction of capital, any excess capital reduced for tax purposes is deemed to be a dividend.
株主が資本剰余金の配当を受け取った場合，その一部は受取配当とみなし，残りは株式譲渡対価として取り扱います。	When a shareholder receives a dividend from capital surplus, a portion of the repayment is deemed as a dividend from retained earnings and the remainder is treated as consideration for the sale of the shares.
☞配当に係る源泉税→p.96	
資本払戻しによる課税関係（発行法人側）	
資本剰余金からの配当により，税務上の利益剰余金と資本金等の額が減少します。	The payment of dividends from capital surplus will decrease both the retained earnings and capital of the company for tax purposes.

4 債務免除・DES

債務免除（債務者側）	
一般的に，債務免除により，法人税法上は所得が発生します。	In general, a waiver of liabilities or loans gives rise to COD* income for Japan tax purposes. *Cancellation of debt
親会社が子会社に対して債務免除を行った場合，子会社側において，債務免除益を認識します。	If a parent company cancels (writes-off) the debt of one of its subsidiaries, the subsidiary will need to recognize COD income.
債務免除益は欠損金と相殺可能です。 ☞欠損金について→p.87	COD income may be offset against NOLs.
欠損金の使用は所得の55％に制限されているため，債務免除により債務者側で課税が発生することがあります。	Since the use of NOLs is limited to 55% of current year taxable income, a waiver of debt may create tax implications for the debtor.
DES（一般的説明）	
DESは破たんした会社を再生する際によく利用される手法の一つです。	A debt-for-equity (debt for equity) swap is a method commonly applied when restructuring an insolvent corporation.
DES（非適格現物出資），疑似DES	
貸し手が外国法人の場合，内国法人に対する債権の現物出資は非適格現物出資として取り扱われます。	When the creditor is a foreign company, the contribution of the loan to the debtor (a Japanese company) will be treated as non-tax qualified contribution-in-kind.
したがって，借り手は債権を時価で受け入れることになるのですが，借り手が破たん状態にある場合，この時価は債務の額よりも小さいことがあります。	Therefore, the debtor will book the loan receivable at fair market value. If the debtor is insolvent the face value of the debt may be lower.
債権の帳簿価額と債務の金額の差異は，債権債務が消滅した際に債務消滅益として取り扱われます。	The difference between the book value of the loan receivable and the face value of the debt is treated as profit in the hands of the debtor when the loan is written-off.

3

プロジェクトに関するやりとり

例えば，A社が100円の債権（時価10円）をB社に現物出資した場合の，B社における税務上の仕訳は次のようになります。 （貸付金の現物出資） 貸付金　10　／　資本金等の額　10 （債権債務の消滅） 借入金　100　／　貸付金　10 　　　　　　　　益金　　90	For example, Company A contribute loan receivable of JPY 100 to Company B (at FMV (*)). The accounting entries for Company B are as follows: (Contribution of loan) Loan receivable 10 / Capital 10 (Write-off of loan) Loan payable 100 / Loan receivable 10 　　　　　　　　　　Income 90 (*) Fair market value
もし上述のような課税を回避しようと意図するのであれば，B社に金銭出資を行ってから出資された金銭を原資として借入金の返済を受けるという方法もあります。	In order to avoid the above tax, it is possible to make a cash contribution to Company B and receive a loan repayment using the cash contributed.
現物出資された貸付金をどうやって時価評価するかという点は，議論になりやすい論点です。	The approach to mark-to-market (MTM) accounting for loans contributed is a controversial matter.
現物出資された資産をどのように時価するかという点について明確なガイドラインはありません。	There is no clear-cut guide on how to measure the fair market value of assets transferred under a non-qualified contribution-in-kind.

DES（適格現物出資）

【適格現物出資】 貸し手，借り手ともに日本企業であり，完全支配関係がある場合，その完全支配関係が継続するものと見込まれる限り，貸し手からの借り手に対する債権の現物出資は適格現物出資として取り扱われます。 ☞適格合併の要件→p.131	If both the creditor and borrower are Japanese companies and the creditor holds 100% of the shares in the borrower, the provision of the loan to the borrower will be treated as a qualified contribution-in-kind as far as the group relationship remains.
DESが適格要件を満たす場合，貸し手・借り手の双方で，益金・損金は発生しません。	When a debt for equity swap meets the requirements for a qualified contribution-in-kind, no gain or loss will be recognized by the borrower or lender.

5 寄附金・国外関連者

寄附金全般

☞寄附金全般について→p.78〜

資産の低額譲渡と寄附金

株式の譲渡の対価が時価より低い場合，一般に，その差額は譲受側では受贈益，譲渡側では寄附金として取り扱われます。	In general, if the sale price of the shares is lower than fair market value, the difference can be treated as gift income for the transferee and a donation expense for the transferor.
例えば，A社が時価100万円の資産XをB社に60百万円で譲渡した場合，A社は追加的な株式譲渡収入40百万円と寄附金40百万円を認識します。	For example, if Company A transfers a asset X to Company B at JPY 60M but the arm's length price is JPY100M, Company A will need to recognize the additional revenue of JPY 40M and a donation expense of JPY 40M.
B社はA社にとって国外関連者に該当するため，A社の寄附金40百万円は全額損金不算入となります。	Since Company B is a foreign related party of Company A, the donation expense of JPY 40M is entirely non-deductible for tax purposes for Company A.
A社に対する寄附金40百万円は，法定の損金算入限度額までのみ損金算入できます。	The donation expense of JPY 40M for Company A is only deductible up to the statutory limit.

無利息貸付と寄附金

適正利息より低い利息を受け取っていた場合，その差額は，日本の税務上寄附金として取り扱うことになります。	Any difference between the interest based on the arm's length value and the interest actually received would be treated as a donation for Japan tax purposes.
例えば，A社がB社への貸付から利息を収受しなかったが，年間の利息相当額が1千万円である場合には，A社は1千万円の利息収入と寄附金1千万円を認識します。	For example, if company A receives no interest on a loan to Company B while the interest based on the arm's length interest is JPY 10M per year, Company A will recognize interest income of JPY 10M and a donation expense of JPY 10M.

3

プロジェクトに関するやりとり

129

利子1千万円は課税所得に含まれる一方で、寄附金1千万円は損金算入できないため、課税所得が1千万円増加することになります。	Since interest income of JPY 10M is included as taxable income, and the donation expense of JPY 10M is not deductible, the taxable income will increase by JPY 10M.
一方、B社側（借入側）では、受贈益1千万円と支払利息1千万円を認識します。収入と費用が同額なので追加的な税負担は発生しません。	On the other hand, Company B, the borrower, will need to recognize donation income of JPY 10M and an interest expense of JPY 10M. Since the income and expense amounts are equal, it does not result in additional tax for Company B.

費用負担と寄附金

もしA社がその費用をBの代わりに負担するならば、その支払いは、日本の税務上損金算入できない寄附金として取り扱われます。	If Company A bears the cost on behalf of Company B, the payment is likely to be treated as a non-deductible donation for Japanese tax purposes.
親会社への費用の支払いに関する書類がない場合、税務当局はその支払いにつき、国外関連者に対する寄附金（全額損金不算入）と主張するかもしれません。	In the absence of any statements or documentation, the tax authority may argue that it should be treated as a donation to a foreign related company which is not deductible for tax purposes.

経営指導料と寄附金

経営指導料を日本の子会社から受け取るのであれば、課税上の問題を避けるためにもまず、経営指導契約書を作成すべきです。	If you plan to receive a management fee from your subsidiary in Japan, you should first complete a management agreement to avoid being challenged on the tax treatment.
税務調査官はしばしば外国グループ法人に対する経営指導料の支払いに着目して、寄附金の該当性を検討します。	Tax auditors often focus on management fees paid to foreign group companies and look to reclassify the payments as donations.
経営指導料の計算方法を遡及的に変更することはお勧めしません。なぜなら、寄附金問題が発生する可能性があるからです。	We do not recommend retroactive changes to the calculation method for the management fee as it may result in the disallowance of the "donation" for tax purposes.

3　日本子会社の組織再編成（含：子会社同士の合併）に関するやりとり

1　組織再編成・組織変更

※以下，文例は主に合併を念頭に記載します。

組織再編成（一般）

一般に，グループ内合併を行うのに，最低でも3か月程度はかかります。	In general, it will take at least 3 month (s) to complete an intra-group merger.
合併を行うには株主総会を開催する必要があります。	A shareholders' meeting needs to be held to approve the merger.
合併に際しては，官報公告と知れたる債権者へ個別催告が必要となります。	In the process of a merger, a public notice must be served in the public gazette and individual notices must be made to known creditors.
合併の手続詳細については法務アドバイザーにご確認下さい。	As for the detailed process of a merger, please consult with your legal advisor.

適格合併

合併が適格要件を満たす場合，法人，株主のいずれにおいても譲渡損益は認識されません。	If a merger satisfies the conditions for a "tax qualified merger", no gain or loss would be recognized by both the corporation and the shareholders.
【100％兄弟間合併の適格要件】 100％兄弟会社間の合併における適格要件は以下の通りです。 (i)　被合併法人の株主に現金や合併法人株式以外の資産が交付されないこと (ii)　合併時において，親法人による合併法人の完全支配が継続することが見込まれていること	The conditions for a tax qualified merger in the case of a merger between wholly owned sister companies under a common parent are as follows: (i) No cash or assets other than the stock of the surviving company is transferred to the shareholders of the disappearing company. (ii) There must be an expectation at the time of the merger that the parent will continue to hold 100% of the shares of the surviving company.

【50%超親子間合併の適格要件】 適格合併として取り扱われるためには，次の要件を満たす必要があります^(*)。 (i) 被合併法人株主に対して合併法人の株式以外の資産が交付されないこと (ii) 被合併法人の従業者の80％以上が合併法人の業務に従事することが見込まれること (iii) 被合併法人の主要な事業が合併法人において引き続き営まれることが見込まれること (＊) 50%超（2/3以下）親子間の合併について質問を受けた場合の想定	To be treated as a tax qualified merger, the following conditions must be met: (i) Only shares of the surviving company are used as consideration for the merger. (ii) At least 80% of the employees of the disappearing company are expected to remain employed in the surviving company. (iii) The main business of the disappearing company is expected to be carried on by the surviving company.

欠損金制限

グループ内での適格合併は，一定の要件を満たさない場合には，欠損金制限や特定資産譲渡等損金算入制限の対象となります。	A tax qualified merger within a group is generally subject to NOL restrictions and a built-in loss limitation unless it meets certain requirements.
50%超の株式保有関係が5年超継続している場合には，欠損金の制限はありません。 (＊) 株式を直接50%超継続保有しているケースを想定	Provided that at least a 50% shareholding relationship has been maintained for more than 5 years, there is no restriction on the NOL amount that can be utilized.

非適格合併の場合

合併が非適格合併に該当する場合，被合併法人は資産の譲渡について課税され，株主についてはみなし配当課税が行われます。また，株主において譲渡損益課税が行われることもあります。	If the merger is not a tax qualified merger, the disappearing company will be taxed on the assets transferred to the surviving company and the shareholders of the merged corporation are taxed as if they received dividends (referred to as "deemed dividends"). The shareholders may be taxed for capital gains realized on their shares.

非適格株式交換における時価課税

非適格株式交換が行われた場合，株式交換完全子法人において時価評価課税が行われます。	In a non-tax qualified share-for-share exchange, the target corporation is subject to mark-to-market taxation.

組織変更	
合同会社を株式会社に組織変更することにより当該法人あるいは株主において法人税・所得税が課されることはありません。	Converting GK to KK does not trigger income tax either at corporate or shareholder level.
完全支配関係者間での組織再編	
100％グループ法人内の非適格株式交換において，時価評価課税は行われません。	The non-tax qualified share-for-share exchange between "100% group companies" shall not trigger mark-to market taxation.
100％グループ法人内の非適格合併においては，原則として譲渡損益の認識は行われません。	In principle, no capital gain will be recognized by a non-qualified merger between "100% group companies".
（上記を受けて）ここにおいて"100％グループ法人"とは，一の法人・個人が持分を直接・間接的に100％保有する法人グループを指します。	Please note that "100% group companies" in this context refers to companies within a structure comprising a parent company or individual which has 100% (direct or indirect) ownership of the subsidiaries.
☞グループ法人税制全般→p.86	

【兄妹がsister…？】

兄弟会社って英語でsister companyと言うんですね。

Brother companyでも通じますがsisterの方が一般的な気がします。

2 M&A，100％子会社化

スクイーズアウト

A社はB社の株式を95％保有しているので，残りの株式を少数株主から取得する権利を有します。	Since Company A holds 95% of the shares of Company B, it has a right to acquire the remaining shares from the minority shareholders.
そのキャッシュアウトの取引が法定された適格要件を満たさない場合，B社は時価課税の対象となります。	If the cash-out transaction does not satisfy the requirements set out in the law, Company B will be subject to mark-to-market taxation.
2017年税制改正により，一定のスクイーズアウトは税務上組織再編成として位置づけられ，一定の要件を満たさない限り時価課税が行われることになりました。	As a result of the 2017 tax reform, squeeze-out transactions are categorized as a type of reorganization and, as such, has taxable consequences unless certain requirements are met.

3　連結納税

連結納税	
内国法人である親法人と，当該親法人により完全支配されている内国子法人は連結納税を申請することができます。	A Japanese domestic parent corporation and its wholly owned domestic subsidiaries may apply to use a consolidated tax filing system.
（上記を受けて）いったん連結納税を採用すると，その後は，原則として自発的に取りやめることはできません。	Once the application is approved, in principle, the group cannot voluntarily revoke this status.
連結納税制度は法人税にのみ適用されます（地方税については単体納税となります）。	A consolidated tax return can be filed for national tax purposes only (i.e. local tax returns must be filed on a stand-alone basis.)
A社とB社は，親会社が外国法人であるため，連結納税グループを組成することができません。 ※外国法人に100％保有されている兄弟会社を想定	Company A and B cannot form a consolidated tax filing group since their parent is foreign company.
連結納税を適用すれば，A社の欠損金をB社の所得と相殺することができます。	If Company A and B attain consolidated tax filing status, then NOLs of Company A can be offset against the profits of Company B.
連結納税開始時に，一定の子会社については時価評価課税が行われます。	When forming the consolidated tax group, certain group members are subject to mark-to-market taxation.
一定の要件を満たす子会社については時価評価課税が行われません。	Group members which meet certain requirements are not subject to mark-to-market taxation.
B社はA社により設立され，以後完全支配関係が継続しています。A社が連結納税を選択したとしてもB社に時価課税が行われることはありません。	Company B is established by and wholly owned by Company A. Company B is not subject to mark-to-market taxation if Company A chooses to consolidate its tax filings with Company B.

3

プロジェクトに関するやりとり

4 投資の終了に関するやりとり

1 株式譲渡

株式譲渡課税全般

日本の法人税法上，日本に恒久的施設のない外国法人が日本法人の株式を譲渡したことによる譲渡益については，以下のような場合に課税がなされます。 (i) その外国法人とその関係者が過去3年間のいずれかの時期において当該法人の発行済株式の25％超を保有，かつ，当該株主又はその関係者が5％超の株式を当期において売却した場合 (ii) その売却益が，資産に対する国内不動産の割合が50％を超える法人に係る株式の売却によるものである場合	Under Japanese corporate income tax law, a capital gain from the sale of shares in a Japanese corporation triggers income tax for foreign corporate shareholders having no PE in Japan if: (i) The foreign company and its related party have owned 25% or more of the outstanding shares at any time during the past three years and the shareholder and its related parties sold 5% or more of the shares in the current year, or (ii) the foreign company sold shares in a company for which more than 50% of its total property value comprized real estate located in Japan (a "real estate rich company")
100％子会社の株式の譲渡益については，23.4％の法人税が課税されます。	Capital gains from the disposal of shares in a wholly owned subsidiary are subject to corporate income tax at the rate of 23.4%.
譲渡益は次の算式により計算されます。 株式譲渡収入－（株式取得価額＋譲渡費用）	The capital gain will be calculated by the following formula: Revenue from sales of shares – (acquisition cost of shares + sales expense)
A社は，期末から2か月以内に申告・納税しなくてはなりません。	Company A must file a corporate income tax return and pay any corresponding income tax within 2 months of its fiscal year end.

申告書を提出する義務があるにもかかわらず，提出しなかった場合には，10%～20%の無申告加算税が課されます。	If a company with a filing obligation does not file a tax return, it will be subject to penalty tax at a rate between 10% and 20%.
（上記を受けて）税務調査の通知を受ける前に自主的に申告した場合には，税率は5%に引き下げられます。 ☞延滞税について→p.105	The rate will be reduced to 5% if the company voluntarily files the tax return before it receives a tax audit notice.

株式譲渡と租税条約

A社はUK法人ですので，日英租税条約が適用されます。	Since Company A is a UK resident company, the Japan-UK tax treaty would apply.
日英租税条約においては，日本に恒久的施設を有しない英国法人は，日本法人の株式の譲渡について，その株式が不動産化体法人の株式に該当する場合に限り課税されます。	Under the Japan-UK tax treaty, UK residents having no PE in Japan are only subject to Japanese income tax on the sale of shares in Japanese companies if the shares are in a so-called "immovable property company".
「不動産化体法人」とは，上場会社以外の法人でその価値の50%以上が不動産から構成される法人を指します。	An "immovable property company" is a company not listed on a stock exchange and whose FMV of immovable property constitutes at least 50% of its total net assets.
B社については，日英租税条約第22条の適格居住者に該当する限り，日本の法人税が課されることはありません。	Company B would not be subject to Japanese corporate income tax as far as it is a qualified resident under Article 22 of the Japan-UK tax treaty.
日独租税条約では上記の取扱いが変わることはありません。	The Japan-Germany tax treaty does not alter the above.

2 解散・清算

解　散	
下記は日本における会社の解散/清算の一般的な流れです。 ☞参考：お役立ちウェブサイト→p.67	The below outlines the general process for dissolving/liquidating a company in Japan.
解散日において事業年度は終了，解散日翌日から再スタートします。	The taxable year will end on the date of dissolution and re-start the following day.
清算期間中は，解散日の翌日から1年ごとに事業年度が区切られます。	During the liquidation period, the taxable year will be divided into 12 monthly periods starting from the following dissolution.
清算中の法人に対する法人税課税のしくみは，最終事業年度の事業税の取扱いを除いては，一般の法人の場合と同様です。	The corporate income tax calculation for the liquidating company is basically the same as that of the ordinal company except for the treatment of enterprise tax for the final taxable year.
残余財産の分配を行う前に，債務の弁済を行わなくてはなりません。	The company must settle all debt before it distributes residual assets.
清算法人が債務超過の場合，特別清算の手続が適用となります。	If a liquidating company is insolvent, the special liquidation procedure will be applied.
残余財産を株主に分配する際，当該財産の時価と簿価の差異はキャピタルゲイン・ロスとして認識されます^(*)。 （＊）株主が外国法人である場合を想定	When distributing residual assets to shareholders, any difference between the FMV* and book value of the assets will be recognized as a capital gain/loss. ＊FMV=Fair Market Value
清算法人から受け取った資産の時価がその株式に対応する資本金等の額を超える場合，その超過額はみなし配当として取り扱われます。 ☞配当に対する源泉税→p.96	If the FMV of the assets received from the liquidating company exceeds the capital attributable to the shares, the excess amount will be deemed as a dividend.

第3章

海外親法人等とのやりとり

138

【こんなときの表記】英文での法人税法，条文番号の表記

日本語で税法の条文番号を表記する際，以下のように，省略形で表記することがあります。

例）法人税法第23条第１項第２号→　法法23①二

英文で法人税法を表記する場合にも，日本語で表記する場合と同様，省略形を用いることがあります。

日本語では，政令は①②③……で示すことが多いですが，英語では①②③という文字をあまり利用しません。⑴や⑾を用いることや，数字同士をドットやハイフンでつなぐことが多いようです。また，イロハについてはアルファベットに置き換えて表記する方法が考えられます。

（法令名の英文表記例）

日本語	英語
法人税法	Corporate income tax law
法人税法第81条の９第２項第一号イ	CTL81-9.2.1(a)
	CTL Art81-9(2)(i)(a)
	CTL, Art.81, paras2, item1(a)
法人税法施行令	Corporate income tax law enforcement order
法人税法施行令第23条第１項第三号ロ	CTLEO23.1.3(b)
	CTL-EO Art23(1)(iii)b
	CTL Enforcement order, Art 23(1) item3(b)
法人税法施行規則	Corporate income tax law enforcement regulations
法人税法基本通達	Corporate income tax law basic circular
法人税法基本通達９-１-14	CTLBC 9-1-14
	CTL Basic Circular 9-1-14
	CTL Basic Circular Secs.9-1-14
法人税法個別通達	Corporate income tax law directives
財務省告示	Notification of Ministry of Finance

3

プロジェクトに関するやりとり

139

第4章

海外子法人等とのやりとり

日本企業の税務担当者であっても，その法人が海外に子会社を有していれば，その子会社で，どのような税金が，いつ発生するかを正確に把握する必要があります。また，海外子会社からの配当戦略等を検討する場合は源泉税について考慮しなくてはなりませんし，海外子会社を売却するのであれば譲渡所得税について確認しなくてはなりません。

これらの把握に当たっては，現地法人の担当者あるいは，海外の税務専門家と英語でコミュニケーションをとることになります。

ここでは，適切な質問，つまり，自分たちが必要な情報が何であるかを相手に適切に伝えることが重要となります。

本章では，日本の税務担当者と海外の税務担当者とのやりとりの際に，利用される英文例を，シーン別に掲載しました。

【本章の構成】
1：決算業務に関するやりとり　p.142
2：日常業務に関するやりとり　p.156
3：プロジェクトに関するやりとり　p.160

1 決算業務に関するやりとり

【本節の構成】

1 スケジュール調整，計算書等の作成依頼　p.142
2 法人税額計算に関する質問　p.144
3 会計上の数値に関するやりとり（税効果会計含む）　p.146
4 現地税制についての質問　p.149
5 タックスヘイブン対策税制に関するやりとり　p.152

1 スケジュール調整，計算書等の作成依頼

日程調整・担当者紹介	
20XX年の決算スケジュールを送ります。	Please find attached a file containing the bookclosing schedule for the fiscal year ending 20XX.
このスケジュールに従ってタックスパッケージシート及び各種関連資料を提出してください。	Please submit the tax package and related documents in accordance with this schedule.
20XX年3月期の税額計算シートは，4月15日までにご送付ください	Please send a copy of the tax calculation sheet for FYE (*) March 31, 20XX by April 15. (*) FYE=fiscal year ending
20XX年の未払税金計算パッケージを送付します	Please find attached the tax provision package for 20XX.
ワークシートは，20XX年1月10日（金）の営業時間内（東京時間）に完成させて下さい。 ☞時差の確認→p.50	Please complete all the worksheets by close of business (COB) Friday, 10 January 20XX (Tokyo Time).
いつ頃，税額計算シートをご提供頂けますか？	When we can expect to receive the completed tax calculation sheet?
納税額は例年いつ頃確定しますか？	Approximately when do you usually finish calculating the accrued tax?

決算や税務関連で質問があれば，私または経理部長のXさんにご連絡下さい。	If you have any questions in relation to accounting and tax matters, please feel free to contact me or Mr. X, who is in charge of accounting department.
各種資料依頼	
添付の税額計算シートを記入頂けますか？	Could you please complete the attached tax calculation sheet?
［　　　］を送って頂けますか？ ☞依頼資料いろいろ→p.148	Could you please send ［　　　］?
［　　　］について，根拠資料はありますか？	Do you have any supporting documents in relation to ［　　　］?
計算シート等の提出に係るお礼	
未払税額計算パッケージを受領しました。スケジュールどおりに送って頂きありがとうございました。	We've received the tax provision package sheet. Thank you very much for submitting it on time.
スケジュール通り未払税額計算パッケージを提出頂きありがとうございます。	Thank you very much for submitting your tax provision package sheet on time.

【スケジュール調整あるある】

クリスマスに休暇をとる国と，年末年始が休みになる日本とで，日程調整がつかない。

私は12月15日から27日まで休みます。1月2日に，電話会議しましょう。

こちらは12月28日から1月4日まで休みです。会議するなら12月20日ごろがいいな。

えーと…

1　決算業務に関するやりとり

143

2　法人税額計算に関する質問

法人税額計算等に関する質問	
税額計算シートを拝見して，何点かフォローアップ頂きたい質問があります。	I reviewed the tax calculation sheet and I have a few follow-up questions:
20XX年1月20日にご送付頂きました，税額計算シートに関して，以下の質問にご回答頂けますか？	With respect to the tax calculation sheet you sent to us on January 20, 20XX, could you please answer the following questions?
17行目にある"xxxxx"の内容をお知らせ頂けますか？	Could you please explain what "xxxxx" on line 17 refers to?
課税所得計算上，加算されている"××Reserve"の内容を教えて下さい。	Please provide details about the item "×× Reserve" which was added back to the taxable income.
子会社からの配当について，シンガポールの国内法で全額益金不算入と聞いていましたが，一部課税されているようです。この理由を教えて下さい。	We understood that dividends received from subsidiaries are tax exempt under the domestic law of Singapore. However, we see some have been included in taxable income. Could you please explain why this is the case.
子会社からの配当が課税所得に含まれているようです。この理由と計算ロジックを教えて下さい。	Some of the dividend income from the subsidiaries appear to have been included in the taxable income. Please explain the reason and calculation logic.
前年に比して，減価償却超過額が220%増加しているようです。この理由をご説明頂けますか？	Compared to the previous year, the excess tax depreciation over book depreciation has increased by 220%. Could you please explain the reason for the increase?
税務上の減価償却の計算表と，会計上の減価償却の計算表を送付頂けますか？	Could you please provide the tax and book depreciation schedules?
法人税（国税）に適用される税率が2種類あるように見受けられますが，どのような場合にどちらの税率が適用されるのでしょうか。	It seems two different tax rates have been applied to the national corporate income tax. In what cases will both tax rates apply?

税額控除されている"○○Tax Credit"の内容を教えて下さい。	Please explain what is meant by "○○ Tax Credit" in tax credit section.
"△△tax credit"は,恒久的措置ですか,それとも永久的措置ですか?	Is the △△ tax credit provided by temporary legislation or permanent legislation?
時限的措置の場合,適用期限はいつまでですか?また,延長される可能性はありますか?	If temporary legislation, until when is the legislation effective? Is there any likelihood that the effective period will be extended?

法人税の申告書の提出に関して

申告書には社長のサインが必要ですか? ☞申告書の提出期限→p.149	Does the CEO need to sign off the income tax return?
法人税は電子的に申告できますか?	Can we file income tax return electronically?

納税・還付に関して

20XX年の予定納税につき納期限と,納税額をお知らせ下さい。	Please advise the tax payment due dates for the FY20XX income tax installments and the corresponding amounts.
20XX年の法人税還付金(543,210米ドル)はまだ入金されていませんか?	Is the corporate income tax refund (of USD 543,210) for 20XX still unpaid?
なぜそんなに時間がかかっているのか説明して頂けますか?	Could you please explain the reason for the delay?

1

決算業務に関するやりとり

3 会計上の数値に関するやりとり（税効果会計含む）

未払税金・法人税等費用	
次の２つの数値についてなぜ差異があるのか説明して頂けますか？ （ⅰ）税額計算シートにおける最終税額（1,234,567米ドル） （ⅱ）試算表の未払法人税勘定残高（1,345,678米ドル）	Could you please explain why there is a difference between the below figures? (i) the final tax due per the the tax calculation sheet (USD 1,234,567) (ii) the income tax payable per the trial balance (USD 1,345,678)
試算表の当期法人税費用（1,234,567米ドル）と税額計算シートの26行目の法人税額（789,012米ドル）との間に大きな差異があります。	There is a significant variation between the income tax expense-current balance in the trial balance (USD 1,234,567) and income tax due in line 26 of the tax calculation sheet (USD 789,012).
（上記を受けて）この相違の理由を説明して下さい。	Please explain the reason for the difference.
（上記を受けて）過年度の修正によるものですか？	Is it due to the previous year's amendment?
税効果会計	
繰延税金資産・繰延税金負債の内訳がわかる資料を送って下さい。	Please send documentation which provides a breakdown of the deferred tax assets and liabilities (DTA/DTL).
繰延税金資産・負債の計算表を，一時差異の計算明細を含めて送付して下さい。	Please send the calculation sheet for the deferred tax assets and liabilities, including a schedule providing the temporary difference calculations.
一時差異のスケジューリング表を作成して下さい。	Please complete the worksheet which includes a schedule for the reversal of the temporary differences.
標準的な法定実効税率と，実際の実効税率の差異の要因を説明して下さい。	Please explain what gives rise to the difference between the statutory tax rate and the effective tax rate.

法定税率と実効税率の差異の調整表を送付して下さい。	Please provide the reconciliation between the statutory and effective tax rate.
法定税率32%はどのように計算されたのかお知らせ下さい。国税と地方税の合計でしょうか？	Please advise how the statutory tax rate (32%) is determined? Does it comprise national and local tax?
決算書の内容についての質問	
貸借対照表の前期末残高と当期首残高が一致していません。この理由を教えて頂けますか？	The closing balance on the prior year balance sheet does not match the opening balance on the current year balance sheet. Are you able to provide an explanation?
貸借対照表の純資産の部に"□"という項目があります。これがどのようなものなのかという点と利益剰余金・資本剰余金のいずれの性格のものかという点を教えて下さい。	The net assets section of the balance sheet contained an entry for "□". Could you please clarify what this is and whether it relates to earned surplus or capital surplus.
純資産の部の"Paid in Capital"は登記上の資本金ということでしょうか？	Is the "Paid in Capital" in the net assets section equal to the registered capital?
特別利益/特別損失の内容について説明して下さい。	Please explain what "Extraordinary Profit/Loss" refers to.

1

決算業務に関するやりとり

【参考】いろいろな依頼資料の英訳例

　決算作業，税務申告作業においては，海外子法人あるいは海外の税務専門家
等にいろいろな資料を依頼することがあります。以下に，比較的依頼すること
が多い資料の名前を挙げておきます。

日本語	英語
決算書	Financial statements
試算表	Trial balance
確定申告書の写し	Copy of income tax return
納付書の写し	Copy of tax payment slip
減価償却台帳	Depreciation schedule
税額計算シート	Tax calculation worksheet
法人税等費用の計算シート	Calculation worksheet of income tax expense
一時差異のリスト	List of temporary differences
繰延税金資産，繰延税金負債の計算	Deferred tax asset and liability calculation
税率差異の分析	Statutory tax rate to effective tax rate reconciliation
☐☐☐ の内訳	Break down of ☐☐☐ Details of ☐☐☐
ABCグループの資本関係を示す書類	Organization chart for ABC group

4　現地税制についての質問

税制一般	
シンガポールでビジネスを行う場合に支払うこととなる税金の種類を教えて下さい。	Please advise which taxes we should expect to pay when doing business in Singapore?
シンガポールの法人税制の概要を簡潔に教えて頂けますか？	Could you provide a brief overview of the corporate income tax system in Singapore?
シンガポールには資本金に対する課税はありますか？	In Singapore, is any type of tax levied on capital?
シンガポールでは法人の決算期は法人が決めることができますか？	In Singapore, can a company set its own fiscal year end date?
もし法律で定められている場合，いつが決算期か教えて下さい。	If it is determined by law, what is the fiscal year end date?
法人税の申告書はいつまでに提出する必要がありますか？	What is the due date for filing a corporate income tax return?
税金の納付方法についてご説明頂けますか？	Can you please explain the available methods for making tax payments?
法人税の中間納付と確定納付のスケジュールを教えて下さい。	Please advise the schedule for the interim and final corporate income tax payments.
税制関係の資料送付依頼	
シンガポールの税制が大まかにわかる資料があれば送って下さい。	Please share documents which provide an overview of the tax system in Singapore.
タイの確定申告書，決算書のひな形を送って下さい。	Please provide sample tax return forms and financial statements for Thailand.
日本語訳（英語訳）があればそれも併せて送って下さい。	Please include Japanese (English) translations if available.

1

決算業務に関するやりとり

149

各項目	
シンガポールの法人税は全世界所得課税方式ですか？　国外所得免除方式ですか？	Does Singapore tax corporations on a worldwide basis? Is a form of extraterritorial income exclusion system applied?
欠損金に関して以下をお知らせ頂けますか？ ●欠損金の繰越・繰戻の各々に関するルール ●欠損金の使用制限	Please provide the following information about NOLs (Net Operating Losses): ●The rules for carrying NOLs backwards and forwards to prior and future years respectively. ●Restrictions on the use of NOLs
シンガポールでは，税務上の減価償却費はどのように計算されますか？　概要をお知らせ下さい。	How is tax depreciation calculated in Singapore? Please provide an outline.
また，建物に適用される償却方法と耐用年数をお教え下さい。	Also, please confirm the depreciation method and useful economic life applicable for buildings.
役員報酬 の損金算入に関して何か制限がありますか？ 　　　　の部分 ●寄附金 ●交際費 ●支払利息 ●親会社へのマネジメントフィー	Is there any limitation of tax deductibility for directors' fees ? 　　　　の部分 ●Donation expense ●Entertainment expense ●Interest expense ●Management fee to parent company
(1)国内にある子会社からの配当，(2)国外にある子会社からの配当について課税上の取扱いを教えて下さい。	Please outline the tax treatments in the cases of dividends recieved from (1) a domestic subsidiary, and (2) a foreign subsidiary.
外国からシンガポールへの投資にあたり，優遇税制はありますか？	Are there any preferential tax treatments for foreign companies that make investments in Singapore?
シンガポールにはタックスヘイブン対策税制はありますか？	Does the Singapore income tax system include rules regarding controlled foreign companies (CFCs)?
ある場合，その概要をお知らせ下さい。	If it does, please provide a basic overview of the rules.

配当金の支払について，貴国では課税所得の計算上，損金算入されますか。	Is a dividend payment an allowable deduction for tax purposes in your country?

 ## 国ごとの会社の略称　Abbreviations of business entity types

　日本では会社の英語表記をK.K（株式会社）やLtdとしているケースが多いと思いますが，海外とやりとりしていると国ごとに会社の略称は違います。以下に実務でもよく取引先として登場する国の，会社名の英語略称をまとめました。

国名	略称
アメリカ	Inc. / Corporation など
イギリス	Ltd. / PLC（公開企業の株式会社）など
オランダ	B.V. など
ドイツ	AG（株式会社）/GmbH（有限会社）など
フランス	S.A. など
中国	LTD など
インド	Limited など
シンガポール	Pte, / LTD など
台湾	LTD / Corporation など
マレーシア	Bhd. など

会社の略称ひとつとってもいろいろあって混乱しますね。

☞日本で使われる会社の略称についてはp.120をご参照下さい。

151

5 タックスヘイブン対策税制に関するやりとり

外国子会社について，タックスヘイブン対策税制の適用有無を判定する際や，適用される際の合算金額を計算する場合には，外国子会社からいろいろな数値を入手する必要が生じる場合があります。

以下には，外国子会社から，タックスヘイブン対策税制の適用に関する情報を得る際に，役立つと思われる英文例を集めました。

租税負担割合の計算	
B社が特定外国子会社に該当するかを判定するために，以下についてお教え頂けますか？ ●20XX年度の法人税等 ●20XX年度の課税所得 ●20XX年度の非課税所得 　（内容及び金額） ●益金算入された受取配当の額 ●B社に適用される法人所得税率	In order to determine whether Company B should be treated as a "controlled foreign company" for Japanese income tax purposes, could you please provide the following information? ●Income tax due for FY 20XX ●Taxable income for FY 20XX ●Tax exempt income for FY 20XX 　(details and amount) ●Dividend income included in taxable income ●Income tax rate applicable to Company B
（上記を受けて）非課税所得には課税が行われなかったすべての所得を含みます（非課税キャピタルゲイン，課税されなかった国外源泉所得など）。	Please note that "exempt income" includes any income which is not taxed (i.e. non-taxable capital gains or non-taxable foreign source income).
課税繰り延べが行われている項目は含めないで下さい。	Please do not include any deferred items.
20XX年の法人税等の申告書も併せてご送付下さい。	Also, please send us the income tax return for 20XX.
全ての書類は英語ないし英訳付きで提供して下さい。	Please ensure you provide all documents in English or with a corresponding English translation.

A社の実効税率を押し下げるような事象はありましたか？	Were there any tax events that reduced the ETR of Company A? (*) ETR=effective tax rate.

適用除外の判定

（事業持株会社の特例） 以下の情報をご提供下さい。 （i） A社が発行済株式または議決権を25％以上保有する法人に係る以下の情報 ● 会社名 ● 所在地 ● 発行済株式数 ● 議決権 ● A社保有株式数 ● A社保有議決権数 ● 株式の帳簿価額 ● 20XX年中のA社に対する経営指導料 （ii） A社が保有する株式の帳簿価額の合計額	Please provide the below information: (i) For any companies where Company A holds more than 25% of issued shares or voting rights, please provide: ● Name of company ● Location ● Total number of issued shares ● Total number of voting rights ● Number of issued shares held by Company A ● Number of voting rights held by Company A ● Book value of shares ● Management fees paid to Company A during 20XX (ii) Total book value of share investments held by Company A.

資産性所得

A社は，20XX年度中，８万米ドル以上の以下の所得を稼得しましたか？ ● 持株割合10％未満の株式等に係る配当 ● 債券の利子 ● 債券の償還差益 ● 持株割合10％未満の株式の譲渡益 ● 船舶・航空機の貸付の対価 ● 債券の譲渡益 ● 特許権の使用料（自己開発等に係る使用料を除く） （注意） 上記の質問のみで，資産性所得を特定することは想定していません。	Did the sum of the income received by Company A in the below categories exceed USD80,000 during 20XX? ● Dividends from companies where Company A has less than 10% ownership ● Bond interest ● Profit from redemption of bonds ● Capital gains from the disposal of shares where the ownership prior to disposal was less than 10% ● Fees from leasing vessels and aircrafts ● Capital gains on the disposal of bonds ● Royalties from patents rights. (excluding those from self-developed patent rights)

もしYESの場合，取引ごとに以下の情報を頂けますか？ ●金額 ●取引内容 ●相手方の名前	If so, please provide the following information for each of the transactions: ●Amount received ●Description of the transaction ●Name of the counterparty
A社に係る直近の所得税申告書を提供して下さい。	Please provide the latest income tax returns(s) for Company A.

外国子会社の平成30年4月1日以後開始事業年度に想定される質問事項

20XX年度中，A社は15万米ドル以上の以下の所得（受動的所得）を稼得しましたか？ ●利息（事業の業務の通常の過程で得る預金利子を除く） ●持株割合が25％未満である株式に係る配当 ●有価証券の貸付の対価 ●有価証券の譲渡損益 ●デリバティブ損益 ●外国為替差損益 （事業の業務の通常の過程で生じる為替差損益を除く） ●有形固定資産の貸付の対価 ●無形資産の使用料 （自己開発した無形資産に係る使用料を除く） ●無形資産の譲渡損益 （自己開発した無形資産を除く） ＊上記の質問のみで受動的所得を特定することは想定していません。	Did the sum of the passive income received by Company A in the below categories exceed USD150,000 during 20XX? ●Interest (except for interest on bank deposits earned through normal course of business) ●Dividends from companies where Company A has less than 25% ownership ●Security lending fees ●Gains/losses on sales of securiries ●Gains/losses derived from derivatives transactions ●Foreign exchange gains/losses (except for those made in the normal course of business) ●Fees from leasing tangible assets ●Royalties from intangible assets (excluding royalties from self-developed patent rights) ●Capital gains on intangible assets (excluding those on self- developed intangible assets）
20XX年12月31日付の貸借対照表における，(i)有価証券，(ii)貸付金，(iii)無形固定資産の残高をお知らせ頂けますか？	Could you please provide the balances of the following items on the balance sheet as at December 31, 20XX: (i) Securities, (ii) Loan receivables, (iii) Intangible assets

【こんなときの表記】箇条書きの書き方

　読む分にはわかるけど，書くときによくわからなくなってしまうものの1つに「箇条書き」があります。以下にその例を示しておきます（下記以外の書き方もあります）。

■名詞の箇条書きの場合

　箇条書きの前にコロン「：」をつけ，各項目は「-」や「・」でスタートします。各項目の後ろにピリオドはつけません。

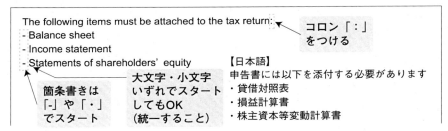

■文章の箇条書きの場合

　各項目（文章）の末尾にピリオドを打ちます。

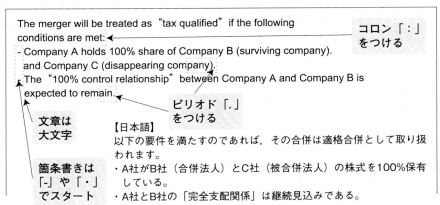

【参考】項目の末尾にコンマ (,) を付した上で，最後から一つ手前の項目の後に「and」
　　　をつけ，最後の項目の後にピリオド (.) を打つ方法もあります。

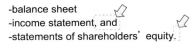

2　日常業務に関するやりとり

【本節の構成】

1　利子・配当・使用料に係る源泉税　p.156

2　税務調査への対応　p.158

3　税制改正に関する質問　p.159

第4章

海外子法人等とのやりとり

1　利子・配当・使用料に係る源泉税

国内法による源泉徴収	
タイでは借入金利子の非居住者への支払について源泉税が課されますか？	Does Thailand levy withholding taxes on interest payments for loans to non-residents?
国内法上の源泉税率は何％でしょうか。	What are the applicable statutory withholding tax rates?
日本のABC社に支払う使用料には源泉税が課されますか？	Do withholding taxes apply to royalty payments to ABC Corporation in Japan?
タイの国内法におけるロイヤリティの定義を教えて下さい。	How are royalties defined in Thailand?
租税条約の適用	
タイと日本との間の租税条約では，源泉税率が減免されますか。	Is there a tax treaty in place between Thailand and Japan that could reduce the standard withholding tax rates.
租税条約に定める減免税率は何％でしょうか。	What are the applicable reduced rates under the tax treaty?
租税条約による減免税率の適用に関する規定と手続の概要を説明して下さい。	Please outline the administrative rules and procedures required in order to qualify for the reduced treaty rate.
税務当局への申請書の提出は必要ですか？	Is it necessary to submit an application to the tax authority?

156

税務当局への申請書の提出期限を教えて頂けますか。	Could you indicate when the application needs to be submitted to the tax authority?
申請書はどのように提出しますか？（紙・電子など）	How should the application be submitted (e.g. paper, electronic etc.)?
申請書の提出義務がある場合，その頻度（毎年，半年に1度，四半期に1度など）はどうなりますか？	If filing obligations exist, what is the frequency (annual, bi-annual, quarterly etc.) ?
現地の納税者番号（TIN）を取得し，インドの税務当局に提出する必要がありますか？	Do we need to obtain a local Tax Identification Number ("TIN") and provide it to the tax authority in India?
中国から日本への国外送金について何か規制があれば教えて下さい。	Please let us know if China has any restrictions on cross-border payments to Japan.
源泉税の外国税額控除	
6月30日と12月28日にA社に対して支払われた配当に課された源泉税について，源泉徴収票を送付頂けますか？	Please send us the payment slip(s) for the withholding taxes on the dividends paid to Company A on June 30 and December 28.
タイで源泉徴収された税額は日本の外国税額控除制度の適用により，法人税から控除することができます。	The taxes withheld in Thailand will be deductible against corporate income tax under the foreign tax credit system in Japan.
日本での税額控除適用に必要なため源泉徴収票の原本を送付して下さい。	Please send original copies of the withholding tax slips since they are required in Japan for tax deduction purposes.

2　税務調査への対応

税務調査・修正申告に関する質問	
税務調査はどれくらいの頻度で行われますか？	How often does the tax authority perform field tax audits?
申告に間違があった場合，どのようなペナルティがありますか？	What is the penalty for errors in the tax return?
期限後申告ペナルティはどのようなものですか？	What is the penalty for the late filing of the tax return?
税務調査の結果に不服の場合，その処分に対する不服申立の方法としてはどのようなものがありますか？	If we disagree with the outcome of a tax audit, what measures can we take to appeal?
＿＿＿＿＿することによって税務調査が引きおこされるということはありますか？	Will a ＿＿＿＿＿ trigger a tax audit?
シンガポールの法人所得税の更正期間を教え下さい。	What is the statute limitation period for Singapore income tax.
税務調査の実施に関して	
A社の税務調査はいつ行われると思われますか？	When is the tax audit of Company A expected to be performed?
税務調査はどれくらいの期間行われますか？	How long does a tax audit take?
税務調査の状況は適時に報告して下さい。	Please report the tax audit status in a timely manner.
税務調査の結果について報告をして下さい。	Please send us a report of the tax audit results.
（上記を受けて）報告には，修正の内容，追加所得の額，追加税額，ペナルティーの額を含めて下さい。	The report should include details of any revisions, additional income, additional taxes and penalties.
調査官の指摘事項に対するあなたの考えをお知らせ下さい。	Please let me know your thoughts on the tax auditor's findings.
調査の発見事項に合意しない場合，審判所や裁判所に申立できますか？	If we disagree with the audit findings, can we appeal to office of appeal or court?

3 税制改正に関する質問

シンガポール政府は現在，20XX年 1 月 1 日から法人所得税率をxx％に下げる検討をしている旨聞きました。 これは本当でしょうか？	I've heard the Singapore government is planning to reduce the income tax rate to xx% from January 1, 20XX. Could you please confirm whether this is true?
シンガポールにおける税制改正のプロセスを教えて下さい。	Could you please outline the process governing changes to tax law in Singapore?
新法の施行がいつになる見込みかお知らせ頂けますか？	When will the new rule(s) become effective?
その税制改正によりA社に重要な影響はありますか？	Is the new rule expected to significantly impact Company A?

3 プロジェクトに関するやりとり

【本節の構成】

1 会社設立　p.160

2 M＆A，株式取得　p.161

3 各種資本取引（増資・減資・資本の利益組み入れ・自己株取得）　p.162

4 持株会社化の検討　p.164

5 組織再編成　p.165

6 株式譲渡　p.166

1 会社設立

会社設立手続	
シンガポールで会社を設立する場合の必要な手続はどのようなものでしょうか？	What are the steps required to set up a business in Singapore?
会社設立後，必要となる税務署への届出には何があるでしょうか？	Which documents must be submitted to the tax office after setting up a corporation?
現地税制に関する基本情報のヒアリング	
☞p.149〜参照。	
専門家の紹介	
シンガポールで事業をスタートするのに，お手伝い頂ける弁護士を紹介してくれませんか？	Are you able to recommend a lawyer who can support us in setting up our business in Singapore?

2 M&A，株式取得

株式取得	
A社はB社の株式を取得することを検討しています。	Company A is planning to acquire shares in Company B.
A社がB社の株式を購入する際に，印紙税等の税金が課されることはありますか？	Is Company A subject to any taxes such as stamp duty when it purchases shares in Company B?
B社の株主が変更となることによる課税上の影響を教えて頂けますか？（欠損金の使用制限など）	Please explain the tax implications of a change of ownership of Company B (e.g. NOL restrictions).

【こんなときの表記】通貨の表記

単に＄100あるいは100dollarと記載した場合，100米ドルなのか，100シンガポールドル，100香港ドルなのか，明らかではありません（特にシンガポールや香港とのメールのやりとりの場合）。そこで，正確を期すためには，「米ドル」「シンガポールドル」「香港ドル」というように記載するのがおすすめです。その際の通貨の省略表記は以下のようになっています。

通貨名	表記
日本円	JPY
アメリカ米ドル	USD
ユーロ	EUR
英ポンド	GBP
ニュージーランドドル	NZD
オーストラリアドル	AUD
カナダドル	CAD

通貨名	表記
スイスフラン	CHF
南アフリカランド	ZAR
香港ドル	HKD
韓国ウォン	KRW
シンガポールドル	SGD
ロシアルーブル	RUB
中国元	CNY / RMB / CNH

Dollarの種類に要注意！

1万ドルかかります
（1万米ドル（約110万円）のつもり）

1万シンガポールドル（約80万円）なら，まあいいか…

161

3 各種資本取引（増資・減資・資本の利益組み入れ・自己株取得）

増 資	
A社が，B社に増資をします。	Company A will inject capital into Company B.
増資により何らかの資本に関する税金が課されますか？	Is there any type of capital duty charged on the injection of equity?
増資の結果香港において発生する課税関係で考慮すべきものが何か他にありますか？	What other HK tax consequences should be considered as a result of a capital injection?
X社はA社に対して新株を時価よりも低い価格で発行することを計画しています。これにより，X社にとってタイ国での課税上の問題が生じるでしょうか？	Company X is planning to issue new shares to Company A at rates lower than fair market value. Would this lead to any Thai income tax issues for Company X?
資本金の利益組み入れ / 利益の資本組み入れ	
シンガポールの会社法上資本金の利益組み入れは可能ですか？	Under Singapore's commercial code is it possible to transfer capital to retained earnings?
（上記を受けて）もし可能な場合，資本の利益組み入れに際して必要な手続を教えて下さい。	If so, please advise on the necessary steps for transferring capital to retained earnings.
我々はA社の資本金を減資して，欠損金と相殺することを検討しています。	We are considering reducing the capital of Company A to offset against an accumulated loss.
（上記を受けて）その計画は法的に実行可能でしょうか？	Is the plan legally feasible?
減資して欠損金と相殺したら，何か税金がかかるでしょうか？	Would any taxes be charged if we reduce the capital and offset it against an accumulated loss?
配当支払，増資受入れ手続を経ることなく利益を資本に組み入れることは可能でしょうか？	Is it possible to transfer retained earnings to capital without paying a cash dividend and receiving a cash contribution?

利益積立金を資本に組み入れた場合の課税関係はどのようなものでしょうか?	What will be the tax implications of transferring the retained earnings to capital?

資本払戻し

資本払戻しに係る課税関係を教えて頂けますか?	Please kindly advise on any tax consequences of capital redemption?

自己株式の取得

タイでは法人は自己株式を取得することができますか? 何か法的制約はありますか?	In Thailand is it possible for a company to buy back its shares? Are there any legal restrictions?
自己株取得の一般的なルールと手続を教えて下さい。	Please describe the general rules and procedures of share buybacks.
シンガポール法人による自己株式取得の課税関係を教えて下さい。	We would like to know the Singapore tax consequences of a share buyback by a Singapore corporation.
シンガポール法人が日本法人から自己株式を取得した場合,日本法人には何らかの課税がなされますか?	If a Singapore company repurchases its shares from a Japanese company, are any taxes imposed on the Japanese company?

4　持株会社化の検討

持株会社化の検討	
我々はシンガポールに持株会社を作ることを計画しています。	We are planning to set up a holding company in Singapore.
日本法人であるA社がタイ 法人であるB社の株式をシンガポール法人であるC社に移転します。	Company A (a Japanese company) will transfer the shares in Company B (a Thai company) to Company C (a Singaporean company).
上述の株式の移転によりタイで何らかの税金上の影響（譲渡益課税や，欠損金の使用制限など）が生じますか。	Would any Thai tax implications arise through the above share transfer, such as capital gains or restrictions in utilization of NOLs?
我々が保有するB社株式をC社に現物出資することを計画しています。もしこれにより生じるドイツにおける課税関係（生じるのであれば）を教えて下さい。	We are planning to transfer our shares in Company B to Company C by a contribution-in-kind. Please comment on any German tax implications this would create.
現物出資により，登録免許税，印紙税などの税金が課されますか？	Would registration tax, stamp duty or any other tax be imposed on the contribution-in-kind?
現物出資によりA社の資本金はいくら増えますか？	How much will the capital of Company A be increased by a contribution-in-kind?
増資によりシンガポールで何か課税がありますか？　ある場合は教えて下さい。	Would the increase in capital have any tax implications in Singapore? If so, could you please explain them?
海外子会社から受け取る配当についての課税上の取り扱いを教えて下さい。	Please explain the tax treatment for a dividend received from a foreign subsidiary.
海外子会社からの配当について課された源泉税について外税控除は可能ですか？	Is any tax credit available for withholding tax withheld from dividends received from foreign subsidiaries?

5 組織再編成

組織再編成	
タイ国内におけるグループ再編に係る課税関係について教えて下さい。	Please advise on the tax implications of a group reorganization in Thailand.
A社とB社の合併に関する英国内での課税関係についてご教示下さい。	Please advise on the UK tax implications of merger between Company A and Company B.
我々の知りたい主なポイントは以下の通りです。 ●合併時のキャピタルゲイン課税 ●被合併法人の欠損金の使用制限（あれば） ●登録免許税，印紙税などの資産移転に伴う税金 ●株主への課税（あれば）	The points we would like to clarify include, but are not limited to the following: ●Capital gains tax on the merger ●Restrictions of utilization of NOL of the disappearing company, if any ●Registration tax, stamp duty and any other taxes on the transfer of assets ●Taxes on shareholders, if any
B社はA社に移転した資産についての譲渡益を繰り延べできますか？	Can Company B defer capital gains on assets transferred to Company A?
合併後，A社はB社にて発生した欠損金を利用することができますか？	After the merger, can Company A utilize NOLs which were created by Company B?

3

プロジェクトに関するやりとり

165

6 株式譲渡

株式譲渡	
A社はB社株式（30％を直接保有）をC社に譲渡します。	Company A will transfer the shares in Company B (30% direct ownership) to Company C.
株式譲渡の英国における課税関係をお知らせ下さい。	Please advise on any UK tax implications of a share transfer.
譲渡益に対する税率と計算方法を教えて下さい。	Please provide the tax rate and calculation methodology on capital gains.
株式譲渡に関する申告と納税の期限はいつですか？	What are the tax return filing and payment deadlines for share sales?
タイ法人株式の譲渡に関して必要となる申告等の手続について教えて頂けますか？	Please explain the tax compliance process in relation to the disposal of shares in a Thai company?
日本‐インド租税条約では株式譲渡益に関して何らかの非課税措置はありますか？	Under the Japan-India tax treaty, is any exemption available for capital gains on shares?
日本‐インド租税条約の適用を受けるために，事前の届出は必要ですか？	Is any prior application required in order to benefit from the Japan-India tax treaty?
株式譲渡に関してほかに何か考慮すべき点があれば教えて下さい。	Please advise on any other points we should consider with regards to the disposal of shares.

第 **5** 章

消費税に関するやりとり

海外の担当者に日本の消費税を説明する機会は一見少ないと思われるかもしれませんが，想像以上に多いのが現状です。その理由として，海外で記帳を行う法人が増えたということもありますが，消費税は取引税なので，日本国内で取引を行ったり，リバースチャージの対象となる取引を行えば，恒久的施設が国内になくても，課税の対象となる取引が発生しうるということが挙げられます。

つまり，外国法人であっても消費税の納税義務者になりえる可能性があるということで，これは英語が苦手な担当者にとっては頭を抱える問題と言えそうです。本章では，消費税についての基本的なやりとりの例文をまとめています。

【本章の構成】
1：制度の説明　p.168
2：課税区分　p.170
3：仕入税額控除　p.176
4：納税義務　p.178
5：電子通信利用役務　p.180

1 制度の説明

基 礎	
消費税は付加価値税の一種でヨーロッパ諸国のVATと似ています	Japanese Consumption Tax ("JCT") is a value added tax similar to those of many European countries.
消費税は日本国内において行われた以下の取引に対して課されます。 ● 事業として行われた資産の譲渡又は貸付，役務の提供 ● 輸入取引	JCT applies to the following types of transactions made in Japan: ● Transfer or lease of assets and provision of services by enterprises for business purposes ● Import of goods into Japan
消費税の納税額は，以下の算式により求めます。	JCT due is calculated as follows:
（算式） 消費税の納税額＝課税資産の譲渡に係る消費税（仮受消費税）－課税仕入に係る消費税（仮払消費税） $$\text{JCT due} = \left[\begin{array}{c}\text{Total amount of JCT on}\\\text{taxable sales (output JCT)}\end{array}\right] - \left[\begin{array}{c}\text{Total amount of JCT on}\\\text{taxable purchases (input JCT)}\end{array}\right]$$	
消費税の税率は，現在国分（6.3％）と地方税分（1.7％）を合わせて8％です。	The current applicable JCT rate of 8% comprises national consumption tax (of 6.3%) and local consumption tax (of 1.7%).
消費税の税率は，2019年10月1日から10％に引き上げられます。	With effect from October 1, 2019, the JCT rate will increase to 10%.
消費税は国内に恒久的施設を有しない外国法人であっても，国内における資産の譲渡等があれば消費税の納税義務者になることがあります。	A foreign company may be subject to JCT even without a Permanent Establishment (PE) in Japan if it is involved in the transfer of assets in Japan.

課税期間と申告	
消費税の課税期間は原則として事業年度ですが届出書を提出することにより，3月又は1月に短縮することができます。	The taxable period for JCT purposes basically coincides with the taxpayer's fiscal year, but can be shortened to three months or to one month by filing an application.
課税期間の短縮は，輸出事業者などが早期に消費税の還付を受けるために有益です。	Shortening the taxable period is beneficial for taxpayers such as exporters so as to accelerate the JCT refund process.
消費税の納税義務者は課税期間ごとに，その末日の翌日から2月以内に確定申告書を提出しなければなりません。	JCT taxpayers must file tax returns within two months of the end of each taxable period.

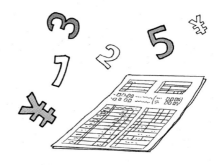

2　課税区分

国内取引	
一般的に言って，消費税法上国内取引は，次の4区分に分類されます。 （i）　不課税取引 （ii）　非課税取引 （iii）　課税取引 （iv）　免税取引	Generally speaking, domestic transactions for JCT purposes fall into one of the following four categories: (i)　Out-of-scope (ii)　Non-taxable (iii)　Taxable (iv) Exempt
不課税取引	
消費税はその対価に対して課税がなされます。したがって，資産の贈与や，資産の無償貸付は消費税が課されません。	JCT is imposed on consideration for its tax base. Therefore, the gift of assets and lease of assets without consideration are not subject to JCT.
上記の他，受取配当，寄附金，保険会社から支払われる保険金なども消費税の対象外（不課税取引）となります。	In addition to the above, dividends received, donations, insurance paid (by insurance companies) etc. are also out of the scope of JCT.
非課税取引	
消費税上の課税取引から除かれる取引は，非課税取引と言われています。	Certain transactions for which JCT does not apply are categorized as non-taxable.
非課税取引には，土地の譲渡や貸付，有価証券の譲渡などがあります。	Non-taxable transactions include the sale or lease of land and disposal of securities.
不課税取引と違って，非課税取引は課税売上割合の計算上分母にのみ含めることになります。 ☞課税売上割合の計算→p.176	Unlike out-of-scope transactions, non-taxable transactions are used as a denominator in calculating the taxable sales ratio.
なお，有価証券や金銭債権の譲渡は，課税売上割合の計算上5％部分のみを分母に計上します。	Specifically, only 5% of the sale value in the case of a transfer of securities or a monetary claim is to be included in the denominator for the taxable sales ratio calculation.

消費税法上非課税取引の増加は課税売上割合の減少につながり，控除対象仕入税額が減少することになります。 これは税金費用の増加を意味します。	For JCT purposes an increase in the value of non-taxable transactions leads to a reduction of the taxable sales ratio, which reduces the deductible input JCT amount. Therefore it results in a higher JCT expense.
例えば，土地を譲渡しても消費税は課税されませんが，控除対象仕入税額が減少することにつながります。	For example, JCT is not levied on the transfer of land, which therefore leads to a reduction of the deductible input JCT amount.

内外判定

ある取引が日本国内で行われたかどうかは，以下のように判定します。 (i) 資産の譲渡又は貸付の場合には資産が所在していた場所 (ii) 役務の提供の場合には役務の提供が行われた場所	The following is used to determine whether a transaction is conducted in Japan: (i) In the case of a transfer or lease of assets, the location of the asset (ii) In the case of the provision of services, the location the service is provided
したがって，外国法人が日本国外で日本法人へ資産を譲渡しても，消費税は課税されません。	Therefore, the transfer of assets from a foreign company to a Japanese company outside Japan should not be subject to JCT.
同様に，日本法人の海外支店が国外で行った資産の譲渡についても消費税は課税されません。	Likewise, the transfer of assets from a foreign branch of a Japanese company outside Japan should not be subject to JCT.
逆に，外国法人の日本支店が日本国内で行った資産の譲渡については，その外国法人が納税義務者である限り消費税の課税取引となります。	Conversely, the transfer of assets by a Japanese branch of a foreign company in Japan should be subject to JCT if that foreign company is a JCT taxpayer.

第5章

2 課税区分

内外判定（国内取引の判断）

以下に内外判定の際に使用する消費税法施行令第6条（資産の譲渡が国内で行われたかどうかの判定）の規定における「政令で定める場所」の概要を列記しておきます。

種類	判定基準
登録を受けた船舶 Registered ships	船舶の登録をした機関の所在地 The location of the agency at which the ship was registered
上記以外の船舶 Non-registered ships	譲渡又は貸付を行う者の譲渡又は貸付に係る事務所等の所在地 The location of the transferor's or lessor's office through which such transfer or lease was conducted
航空機 Airplanes	航空機の登録をした機関の所在地 The location of the agency at which the airplane was registered
鉱業種，採石権等 Mining rights, other rights regarding mines or stone-quarrying rights etc.	鉱業権に係る鉱区，採石権に係る採石場の所在地 The location of the mining area or the quarry
特許権，商標権等 Patents, trademarks etc.	これらの権利の登録をした機関の所在地 The location of the agency at which these rights were registered
著作権又は特別の技術による生産方式（ノウハウ）等 Copyrights or production methods using special technology (know-how) etc.	これらのものの譲渡等又は貸付を行う者の住所地 The location of domicile of the assignor or lessor
営業権，漁業権等 Goodwill, fishery rights etc.	これらの権利に係る事業を行う者の住所地 The location of domicile of the person doing business with respect to these rights
有価証券（ゴルフ場利用株式等を除く） Securities (except shares in golf clubs etc.)	有価証券が所在していた場所 The location the securities were located

登録国債等 Registered Japanese government bonds etc.	登録国債等の登録をした機関の所在地 The location of the agency where the bonds were registered
金銭債権 Monetary claim	金銭債権に係る債権者の譲渡に係る事務所等の所在地 The location of the transferor's office through which the right of the monetary claim was transferred
上記以外の資産でその所在していた場所が明らかでないもの Assets that were not stipulated and its location was not clear	譲渡又は貸付を行う者の譲渡又は貸付に係る事務所等の所在地 The location of the transferor's or lessor's office through which the transaction was conducted

免税取引

国際競争力を確保する観点から，海外との取引のうち一定の要件を満たすものについては消費税が免除されます。	To ensure international competitiveness, cross-border transactions are exempt from JCT if certain conditions are met.
一般的には，非居住者に対する資産の譲渡や貸付又は役務の提供が免税取引とされます。	In general, transactions which involve the transfer or lease of assets or provision of services to Japanese non-residents are JCT exempt.
しかしながら，国内で行われる役務のうち，本質的に国内取引であるものについては，消費税は免税とはされません。	However, services made in Japan (e.g. meals and lodging in Japan) are not JCT exempt if they are domestic in nature.
免税売上は，課税売上割合の計算上分母及び分子に含まれます。	JCT exempt sales are counted both as a denominator and numerator in computing the taxable sales ratio.

第5章

2 課税区分

173

輸出取引等の範囲	
日本語	英訳例
本邦からの輸出として行われる資産の譲渡又は貸付	Transfer or lease of assets from Japan as export
外国貨物の譲渡又は貸付	Transfer or lease of foreign goods
国内および国内以外の地域にわたって行われる旅客又は貨物の輸送	International transportation of passengers or cargo
外航船舶等の譲渡又は貸付	Transfer or lease of certain ships and airplanes etc. that are used for overseas transportation
外国貨物の荷役，運送，保管，検数又は鑑定等の役務の提供	Services such as stevedoring, transportation, storage, tallying or inspection of foreign goods
国内と国外との間の通信又は郵便	International communication and postal services
鉱業権，工業所有権，著作権，営業権等などの無形資産譲渡又は貸付で非居住者に対して行われるもの	Transfer or lease of intangible assets (including mining rights, industrial rights, know-how, copyrights, goodwill, etc.) to non-residents of Japan.
非居住者に対して行われる役務の提供（国内に所在する資産の運送保管，国内における飲食宿泊等を除く）	Services provided to non-residents except for transportation and storage of assets in Japan, meals and lodging in Japan etc.

非課税取引の範囲

　非課税取引は消費税法上別表第1に掲げられており，消費という性格に馴染まないものや，政策的な見地から非課税とされるものが列記されていますが，以下に代表的なものの英訳例を記載しておきます。

日本語	英訳例
土地の譲渡又は貸付	Sale or lease of land
有価証券等の譲渡	Sale of securities or equivalents
金融取引の利子，保証料など	Interest from monetary transactions, guarantee fee etc.
郵便切手，収入印紙等の譲渡	Transfer of postage stamps, revenue stamps etc.
外国為替業務の対価	Consideration for foreign exchange business
健康保険法に基づく医療	Medical treatment under public medical insurance law.
社会福祉活動等の対価	Consideration for social walfare activities
住宅の貸付による対価	Rental fee for lease of residential accommodation

非課税と不課税の違いを海外担当者に理解してもらうのはなかなか難しいですね。

3　仕入税額控除

　海外の担当者に仕入税額控除について説明する機会はあまりないかもしれませんが，以下に基本的な内容をまとめておきます。

仕入税額控除の説明	
支払った消費税（仮払消費税）については，消費税法に定めるところにより，収受した消費税（仮受消費税）から控除できます。	JCT incurred on purchases (input JCT) by a JCT taxpayer can be credited against JCT collected on sales (output JCT) in accordance with JCT law.
控除仕入れ税額を決定する際に重要な数値となる課税売上割合の算式は以下のとおりです。	The formula for the taxable sales ratio, which is a key figure in determining the creditable input JCT amount, is shown below:

課税売上割合の計算	
$$課税売上割合 = \frac{課税売上高（税抜）＋免税売上高}{課税売上高（税抜）＋免税売上高＋非課税売上高}$$	
$$\text{Taxable Sales Ratio} = \frac{\text{Total amount of JCT taxable sales (excluding JCT) + JCT exempt sales}}{\text{Total amount of JCT taxable sales (excluding JCT) + JCT exempt sales + non-taxable sales}}$$	

個別対応方式か一括比例配分方式の選択	
消費税の納税義務者は，控除対象仕入れ税額を計算する際，個別対応方式か，一括比例配分方式を選択することができます。	A JCT taxpayer can select either the "Itemized Method" or the "Proportional Method" in determining their creditable input JCT amount.
一般的に，個別対応方式の方が一括比例配分方式に比べて事務負担が重いとされています。	The Itemized Method is generally more administrative than Proportional Method.
実務的には，海外の会社の日本子会社はシステムが個別対応方式に対応していないことから，一括比例配分方式を適用することが一般的です。	In practice, Japanese subsidiaries of foreign companies usually apply the Proportional Method due to the systematic limitations of adopting the Itemized Method.

簡易課税制度

基準期間における課税売上高が5,000万円以下の納税義務者は，仕入れ税額控除の方法として，簡易課税制度を採用することが認められます。	JCT taxpayers whose taxable sales during the base period are JPY 50 million or less may apply the "Simplified Method" for the calculation of creditable input JCT.
簡易課税制度では，控除対象仕入税額は課税標準額に対する消費税額に一定のみなし仕入れ率を乗じて計算します。	Under the simplified method, the creditable input JCT is calculated by multiplying the output JCT by the deemed purchase rate.
みなし仕入れ率は以下の通りです。	The deemed purchase rate is as follows:

業種ごとのみなし仕入れ率

業種	Type of business	みなし仕入れ率 Deemd purchase rate
第一種事業（卸売業）	Type 1 (Wholesalers)	90%
第二種事業（小売業）	Type 2 (Retailers)	80%
第三種事業（製造業等）	Type 3 (Manufacturers)	70%
第四種事業（その他の事業）	Type 4 (Other)	60%
第五種事業（サービス業等）	Type 5 (Services)	50%
第六種事業（不動産業）	Type 6 (Real Estate)	40%

簡易課税制度の選択をするためには，納税者は「消費税簡易課税制度選択届出書」を税務署に提出しなければなりません。 ☞消費税関連の届出→p.226	To adopt the simplified method, JCT taxpayers need to file a "Notification for election of simplified method for computation of tax liability" with the national tax office.

4 納税義務

　消費税の納税義務について，外国人に説明する上でのポイントとしては，(i)日本の消費税は（電子通信利用役務の提供を除いて）登録制ではないということと，(ii)外国法人であっても日本の消費税の納税義務者になる可能性があること，が挙げられます。

納税義務	
事業者は，基準期間における課税売上高が1,000万円を超えない場合，消費税を納める義務から免除されます。	A business enterprise is exempt from making JCT payments if its taxable sales during the base period does not exceed JPY 10 million.
換言すれば，日本において一定の課税売上があれば，日本に恒久的施設を有しない外国法人であっても消費税の納税義務者になりえます。	In other words, a foreign company that does not have a PE in Japan may still be a taxpayer for JCT purposes if its taxable sales exceeds this threshold.
消費税が免除される事業者は，所轄税務署に一定の申請書を提出することで，自主的な消費税の納税義務者になることが認められます。	A JCT exempt enterprise may elect to become a voluntary JCT taxpayer by submitting an application to the relevant tax office.
この申請書を提出することにより，消費税の納税義務を免除される事業者が仕入れ税額控除を受けることができたり，消費税の還付を受けることができます。	By submitting this application, the JCT exempt enterprise is entitled to claim tax credit for input JCT or receive JCT refunds.
この申請書は，納税義務が免除される事業者が納税義務者になろうとする課税期間の初日の前日までに提出する必要があります。	The application needs to be submitted prior to the first day of the taxable period in which the JCT exempt enterprise wishes to be a voluntary JCT taxpayer.
一般に基準期間とは，法人の場合には，原則としてその事業年度の2年前の事業年度をいいます。	Generally speaking, the base period for corporations is the fiscal year two years prior to the current fiscal year.

納税義務の特例	
例外的に，法人の前事業年度開始の日から6か月間の課税売上高が1,000万円を超える場合，その事業年度の納税義務は免除されません。	By exception, corporations whose taxable sales during the first half of the previous fiscal year exceed JPY 10 million are subject to JCT irrespective of their taxable sales during the base period.
一般に，新設法人は，最初の2年間事業年度開始の日における資本金の額が1,000万円に満たない場合には納税義務は免除されます。	In general a newly established company without a base period would be JCT exempt if its paid-in capital is less than JPY 10 million at the beginning of its first two fiscal years.
課税売上高5億円超の株主により50%超を支配されている新設法人は，納税義務が免除されないケースがあります。	If a shareholder with taxable sales exceeding JPY 500 M owns more than 50% of the shares in the newly established company, the company may not be exempt from JCT obligations for the taxable period.

5　電子通信利用役務

電子通信利用役務	
外国の事業者が日本の顧客に対して行う国境を超える電子通信利用役務の提供については，消費税の課税対象になり得ます。	The supply of cross-border digital services made by foreign enterprises to customers in Japan may be subject to JCT.
電子通信利用役務がB2B（事業者向け取引）なのか，B2C（消費者向け取引）なのかによって，異なる課税関係が生じます。	Different JCT implications arise depending on whether a digital service is a B2B ("business to business") supply or a B2C ("business to consumer") supply.
B2B取引については，日本で電子通信利用役務を受けた者がリバースチャージ制度の下で消費税を申告・納税することになります。	For B2B supplies, the recipients of digital services in Japan are required to file and pay JCT under the reverse charge mechanism.
B2C取引の場合の消費税の処理の概要は以下の通りです。 - 電子通信役務を提供する国外事業者は，消費税の納税義務者である場合，日本で消費税を申告・納税する必要があります。 - 役務を受領した者にあっては，その電子通信役務を提供する国外事業者が消費税の登録事業者である場合には，仕入れ税額控除を取ることができます。	For B2C supplies, the outline of JCT treatment is as follows: - a foreign provider of digital services is required to file and pay JCT in Japan if it is a JCT taxpayer. - The service recipient can claim input JCT credit if the foreign provider of digital services is a registered foreign business for JCT purposes.
登録国外事業者として登録を受けたい場合，我々が申請書を作成しますのでご連絡下さい。	If you would like to be a registered foreign business for JCT purposes, please let us know so that we can prepare the registration form to submit to the tax authority.

☞消費税申告書英訳例→資料6（p.239）

電子通信利用役務の提供に係る内外判定基準の見直しについては，下記国税庁のウェブサイトにも英語でのガイダンスが記載されていますので，参照して下さい。
https://www.nta.go.jp/foreign_language/consumption_tax/cross-kokugai-en.pdf

第6章

移転価格税制に関するやりとり

■はじめに

移転価格税制は日本での導入からすでに30余年を経過しており，海外のグループ会社との取引のある会社にとってはなじみの深い税制となりつつあります。本税制の難しいところは，課税所得額に大きな影響を与える税制である一方で，その計算のプロセスが細かく規定されているわけではない点にあります。

このことが英語との関係で何を意味するかというと，本税制に関連して海外グループ会社とのコミュニケーション上の定型的なフレーズの数は，英語の使用頻度と比較して相対的に少ないという困った状況になります。

こうした事情を背景に，本章では他章とは構成を若干変えて，どのようなコミュニケーションが発生するかの説明と留意点に比重を置き，その上で比較的使用頻度が高いと思われる表現を紹介します。

なお，ここで挙げる文例はあくまでも例示であって，関連する項目をすべて列挙することを意図していないことにご留意下さい。

■移転価格税制と英語

移転価格税制は，多国籍企業グループ内部での国際取引における価格に関する税制です。国境を超えるグループ内取引の価格は，取引当事者の所在国での課税所得に大きな影響を与えるため，各国で移転価格税制が導入されています。

移転価格税制への対応は，日本を含めたグループ会社所在国で各々独立した個別の対応を行うことは難しく，取引価格の設定について海外子会社を含めた関係者とのコミュニケーションが頻繁に生じます。最近は日系多国籍企業であっても海外グループ会社側の担当者が日本語を使えず，共通言語が英語となる機会も多いと思います。

■日系アウトバウンドとインバウンドで使用する英語の違い

　日系多国籍企業（アウトバウンド）の日本の会社で移転価格を担当するのと，外資系多国籍企業（インバウンド）の日本子会社で移転価格を担当するのとでは，知っておくべき英語表現に差は出るのでしょうか？　結論から先に言うと，そうとも言えますし，それほどの差は出ないとも言えます。

　各国の移転価格税制の内容は大筋で一致しており，独立企業間価格で取引するという原則が採用されています。具体的な内容についても，多くの国では同様の移転価格算定方法が認められています。ですから，日本の移転価格税制の仕組みを知っておくと，海外グループ会社の所在国の移転価格税制の内容も想像がつくため，移転価格税制の具体的な内容の話に関しては，アウトバウンドかインバウンドかで使用する英語が異なってくることはあまりありません。

　一方で，移転価格税制の対応に関して，最近では本社がリーダーシップをとることがいろいろな面でより必要とされています。例えば，BEPS行動計画13に基づいて世界的に導入が進みつつあるCbCR（日本では国別報告事項）の提出義務は基本的に多国籍企業グループの最終親会社にあります。またマスターファイル（日本では事業概況報告事項）は，提出義務こそ現地の会社にありますが，事業について俯瞰的に説明する資料であるため，現地の法令に従うための微妙な調整が必要となるものの，本社で準備するのが実態です。新文書化対応以外でも，移転価格文書化にかかわる移転価格の設定方針の検討，移転価格の調査内容の把握や対応方針の検討，事前確認制度の利用の是非などについて，本社で検討することが多くなっています。こうしたことから，日系多国籍企業の本社において移転価格を担当する場合，狭義の移転価格税制対応だけではなく，より案件管理的な英語表現が必要とされます。

　本章では，移転価格税制対応で想定されるいくつかのトピックを選び，関連する英語表現について紹介します。それぞれのトピックについて，まずアウトバウンドの会社が海外のグループ会社に問い合わせを行う想定での質問をピックアップします。一方で想定質問に対しインバウンドの会社が海外グループ会社に回答するシーンを想定して，日本の例を用いた回答例も用意しました。

【本章の構成】
１：移転価格税制の説明　p.183
２：移転価格文書化について　p.186
３：事前確認制度　p.189

1 移転価格税制の説明

　初めて進出する国のグループ会社と取引を始める場合，現地の移転価格税制について把握しておく必要があります。先ほど説明したように，各国の移転価格税制はそれほど異なるものではないのですが，比較的変更の頻度が高い項目もありますので，確認しておきましょう。

1 日本親会社と海外子会社とのやりとり

移転価格税制と対象となる取引

国名 の移転価格税制に関連する法令について教えて下さい。	Please provide an overview of the transfer pricing regulations in 国名 .
国名 の移転価格税制の内容はOECD移転価格ガイドラインと整合的ですか？	Are the transfer pricing laws and regulations in 国名 consistent with the OECD guidelines?
国名 の移転価格税制の対象となる取引について教えて下さい。	What types of transactions are covered by transfer pricing laws and regulations in 国名 ?
国名 の移転価格税制上の国外関連者の定義を教えて下さい。	How is a foreign related party defined under the transfer pricing rules and regulations in 国名 ?

移転価格算定方法について

国名 で認められている移転価格の算定方法は何ですか？	Which transfer pricing methods ("TPM") are accepted in 国名 ?
国名 の法令で優先適用が決まっている移転価格算定方法はありますか？	Is any particular TPM given priority in 国名 ?

取引単位営業利益法の適用関連

比較対象会社は検証対象会社と同じ国から選ぶ必要がありますか？	Is it a requirement that comparable companies are selected from the same geography as the tested party?
国名 で利益指標として認められている指標について教えて下さい。	Please provide all profit indicators that are accepted in 国名 .

183

2 海外親会社への説明

移転価格税制と対象となる取引

日本の移転価格税制は租税特別措置法第66条の4，および第68条の88に規定されています。	The Japanese transfer pricing laws and regulations are outlined in the Special Measures Taxation Law in clauses 66-4 and 68-88.
日本の移転価格税制はOECDの移転価格ガイドラインと整合的です。	The Japanese transfer pricing laws and regulations are overall consistent with the OECD guidelines.
日本の移転価格税制は，国外関連者との間で行われる，棚卸資産取引，役務提供取引，無形資産取引，金融取引が対象です。	The Japanese transfer pricing laws and regulations cover tangible goods transactions, service transactions, intangible goods transactions and financial transactions rendered with a foreign related party.
国外関連者とは資本関係を通じて支配，被支配の関係にある外国法人，もしくは取引関係等を通じて実質的に支配，被支配の関係にある外国法人を指します。	A foreign related party is defined as a foreign corporation that either controls or is controlled by a Japanese corporation through a direct or indirect ownership, or a business relationship.

移転価格算定方法について

日本の移転価格税制上，認められている移転価格算定方法は5つあります。 1　独立価格比準法 2　原価基準法 3　再販売価格基準法 4　取引単位営業利益法 5　利益分割法	Under the Japanese transfer pricing laws and regulations, the following five transfer pricing methods (TPM) are accepted: 1. Comparable Uncontrolled Price (CUP) method 2. Cost Plus (CP) method 3. Resale Price (RP) method 4. Transactional Net Margin Method (TNMM) 5. Profit Split Method (PSM)
法令で定められた移転価格算定方法のうち，最も適切な移転価格算定方法を選ぶことが求められています。	The Japanese transfer pricing laws and regulations require a taxpayer to choose the most appropriate TPM among the five stipulated methods.

取引単位営業利益法の適用関連	
比較対象企業は原則として検証対象企業の所在国から選ぶことが求められています。	In principle, comparable companies must be selected from a pool of companies that reside in the same country as the tested party.
取引単位営業利益法の適用に当たって認められる利益指標として以下が挙げられています。 1　対売上高営業利益率 2　対総費用営業利益率 3　ベリー比率（売上総利益に対する販売管理費の比率）	In applying the TNMM, the Japanese transfer pricing laws refers to the following three profit indicators: 1. Operating Margin; 2. Return on Total Costs; and 3. The Berry Ratio.

第6章

1

移転価格税制の説明

185

2　移転価格文書化について

　先ほど説明したように，BEPS行動計画13の最終報告書に対応して各国で移転価格文書化制度が導入されています。移転価格文書化制度自体はすでに導入されている国々も多く，そうした国では既存の文書化制度の拡張のようにも理解できます。以下では，まず質問表現を例示し，そのあとに日本の制度を例にとって回答例を示します。

1　日本親会社と海外子会社とのやりとり

移転価格文書化関連	
国名 ではマスターファイルの提出義務はありますか？	Is there an obligation to file a Master File (MF) in 国名 ?
マスターファイルの提出義務がある場合の期限を教えて下さい。	If there is an obligation to submit an MF, what is the filing deadline?
マスターファイルの提出義務者について教えて下さい。	Please describe which taxpayers are required to file a MF?
マスターファイルに記載が必要な項目は何ですか？	What are the required components of a MF?
マスターファイルの記載事項はOECD BEPS行動計画13の報告書に収録された記載事項と整合的ですか？	Are the required components of the MF consistent with those described in the OECD BEPS Action Plan 13 report?
マスターファイルを提出しなかった場合の罰則について教えて下さい。	What is the penalty for failing to submit a MF?
国名 ではローカルファイルの作成義務に免除基準はありますか？	Are there any exemptions for preparation of a Local File (LF) in 国名 ?
ローカルファイルの作成義務がある場合の期限について教えて下さい。	What is the due date for preparing a LF?
ローカルファイルにつき同時文書としての作成義務があるにもかかわらず，怠った場合の罰則について教えて下さい。	What is the penalty for failing to prepare a LF as contemporaneous documentation by the due date?
ローカルファイルの税務当局への提出期限について教えて下さい。	What is the due date for submitting a LF to the tax authority?

ローカルファイルを期日までに提出できなかった場合の罰則について教えて下さい。	What are penalties for failing to submit a LF by the due date?
ローカルファイルに記載すべき項目は何ですか？	What are the required components of a LF?
国名 のローカルファイルは英語で用意しても構いませんか？	Can a LF be prepared in English in 国名 ?

2 海外親会社への説明

移転価格文書化関連

グループの連結総収入が1000億円を超える場合は日本のグループ会社にマスターファイルの提出義務が生じます。	If the consolidated revenue of a group exceeds 100 billion Japanese Yen, then each of the taxpayers are required to submit a MF.
日本では，マスターファイルの提出期限は最終親会社会計年度終了時から1年以内です。	The filing due for a MF in Japan is within one year after the closing date of a fiscal year for the group ultimate parent company.
マスターファイルは提出義務のある多国籍企業グループを構成する日本法人すべてに提出義務がありますが，最終親会社等届出事項を提出することで，代表して一社が提出することができます。	All Japanese corporations and permanent establishments such as branches that comprise a part of the multinational enterprise group are required to file a MF, however, if a notification form has been submitted, then the specified representative company can submit the MF on behalf of the Japanese taxpayers within the group.
正当な理由がなく国別報告事項を期限内に税務署長に提供しなかった場合には，30万円以下の罰金が課されます。	If a taxpayer does not submit a Country by Country Report ("CBCR") by the filing due date without a justifiable reason, a fine of JPY 300,00 will be imposed.

関連者間取引の合計額が50億円に満たず，かつ無形資産に関する関連者間取引の金額が3億円に満たない場合は，ローカルファイルの同時文書の作成義務が免除されます。	If the sum of the inter-company transactions with a foreign related party does not exceed JPY 5 billion and the sum of the intangible inter-company transactions does not exceed JPY 300 million, then the taxpayer does not need to prepare contemporaneous transfer pricing documentation.
同時文書を上記免除義務を満たさない場合は，税務申告書提出期限までに作成する必要があります。	Taxpayers are required to prepare contemporaneous transfer pricing documentation by the tax return filing due date unless the above mentioned exemption criteria is met.
ローカルファイルの同時文書を期日までに準備しなかった際の罰則については特に規定されていません。	The penalty for failing to prepare contemporaneous transfer pricing documentation by the due date is not outlined in the transfer pricing laws and regulations.
税務調査があった場合に，調査官の指定する期限内にローカルファイルを提出する必要が生じることがあります。同時文書化対象取引の場合，調査官は最大45日以内の期日を指定することができます。	In the event of a tax audit, a taxpayer may be requested to submit a LF by a due date specified by the auditor. For a LF with a contemporaneous requirement, at the discretion of the tax auditor the taxpayer will be provided up to 45 days to submit the LF.
調査官の指定期限までにローカルファイルの提出ができなかった場合，推定課税が認められています。	If a taxpayer fails to submit the LF by the due date specified by the auditor, the tax authority can perform a presumptive assessment.
ローカルファイルは日本語で用意することが前提とされていますが，海外で用意したローカルファイルをそのまま日本におけるローカルファイルとして使用する場合は，調査官が必要と認める部分について日本語に訳して提供する必要があります。	LFs are assumed to be prepared in Japanese, however, if the taxpayer intends to use a LF prepared in another language (e.g. for a foreign jurisdiction), a complete or partial translation may need to be provided if requested by the tax auditor.

　移転価格文書化で最も必要な情報は，グループ会社の所在国の移転価格文書化規則において文書化の免除要件に該当するか，義務が課される場合は「作成・準備」義務なのか，それとも「提出」義務なのか，そして期日がいつになるのか，です。

3 事前確認制度

　事前確認制度は移転価格の算定方法について，取引当事者所在国の税務当局と合意することで移転価格課税に関する不確実性を排除することができます。一番多いのは，相互協議を申し立てる二国間事前確認で，例えば日本と海外の税務当局に申請し，申請案を両当局に審査してもらった後に両当局で協議して合意に至るものです。

1 日本親会社と海外子会社とのやりとり

事前確認制度（APA）	
国名 には事前確認制度はありますか？	Is an Advanced Pricing Agreement (APA) available in 国名 ?
国名 では事前確認制度の遡及適用は認められていますか？	Is a retrospective application (also known as "roll-back") of an APA is accepted in 国名 ?
事前確認の申出期限について教えて下さい。	What is the filing due date for APA requests?
確認対象年度は何年まで認められますか？	What is the number of covered years for an APA?
事前確認の申請にかかる事前相談制度はありますか？	Is there an opportunity for a pre-filing conference with the tax authority before making an official APA request?
事前確認の申請に必要な書類について教えて下さい。	What information must be submitted as part of an APA application?

189

2　海外親会社への説明

日本を例にとると以下のような回答例になります。

事前確認制度（APA）	
日本では相互協議を伴う二国間事前確認（BAPA）と相互協議を伴わない一国事前確認（UAPA）の2種類が申請可能です。	A Bilateral APA ('BAPA') that requires the Mutual Agreement Procedures ("MAP') and a Unilateral APA that does not require MAP are available types of APA in Japan.
事前確認の遡及適用の申請は認められています。	APAs can be retrospectively applied in Japan.
確認対象年度のうち，初年度の開始日までに行う必要があります。	A request should be made by the beginning date of requested covered years.
移転価格事務運営要領によれば，確認対象事業年度は3年から5年です。	The Japanese transfer pricing administrative guidelines allow a period of validity of between three and five years.
移転価格事務運営要領6-10によれば，事前確認の申請前に国税局の担当課に申請内容について相談をすることができます。相互協議を伴うものについては，国税庁の相互協議室も参加します。	Under the Japanese transfer pricing administrative guidelines 6-10 a taxpayer can request a meeting with the Regional Tax Bureau to discuss the APA content. In the event of a BAPA a representative from the National Tax Agency will also attend.
移転価格事務運営要領6-3によれば，事前確認の確認申出書には以下の書類を添付することが必要です（一部省略）。 1　確認対象取引の内容，当該確認対象取引の流れ及びその詳細を記載した資料 2　確認申出法人及び確認対象取引に係る国外関連者の事業の内容及び組織の概要を記載した資料 3　確認対象取引において確認申出法人及び確認対象取引に係る国外関連者が果たす機能，負担するリスク及び使用する資産に関する資料 4　確認対象取引に係る独立企業間価格の算定方法等及びそれが最も適切な方法であることを説明した資料	Per clause 6-3 of the Japanese transfer pricing administrative guidelines, the following documents should be filed in conjunction with the formal APA request (note - for a complete list please refer to the original guidelines): 1. Materials describing the content, transaction flows and other details of the covered transactions. 2. Materials describing the business and an overview of the organization of covered entities and other foreign related parties relevant to the covered transactions. 3. Materials regarding the functions performed, risks assumed and assets

5　事前確認を行い，かつ，事前確認を継続する上で前提となる重要な事業上又は経済上の諸条件に関する資料	used by the covered entities for the covered transactions and other foreign related parties relevant to the covered transactions.
6　確認申出法人と確認対象取引に係る国外関連者との直接若しくは間接の資本関係又は実質的支配関係に関する資料	4. Materials describing the Transfer Pricing Method (hereafter 'TPM'), etc., to be confirmed by the APA and an explanation as to why it is the most appropriate.
7　確認申出法人及び確認対象取引に係る国外関連者の過去３事業年度分の営業及び経理の状況その他事業の内容を明らかにした資料	5. Materials describing business and economic conditions essential to the APA and its continuation (critical assumptions).
8　確認対象取引に係る国外関連者について，その国外関連者が所在する国又は地域で，移転価格に係る調査，不服申立て又は訴訟等が行われている場合には，その概要及び過去の課税状況を記載した資料	6. Materials regarding direct or indirect capital relations or relations under substantial control between the covered entities and other foreign related parties relevant to the covered transactions
9　確認対象取引に係る独立企業間価格の算定方法等を確認対象事業年度前３事業年度に適用した場合の結果など確認対象取引に係る独立企業間価格の算定方法等を具体的に説明するために必要な資料	7. Operational and accounting information, and the business activities for the three (3) taxable years prior to the covered years of the covered entities and other foreign related parties relevant to the covered transactions.
	8. Materials describing an overview of any transfer pricing audits, appeals, lawsuits, and so forth involving foreign related parties relevant to the covered transactions and resulting assessments, if any
	9. Materials that provide a practical explanation of the proposed TPM including the result of application of that TPM to the financial outcomes of the three (3) fiscal years prior to the covered years.

事前確認の取得に関しては，主に３つのステージに分けることができます。最初のステージは，取得の検討も含めた申請のステージであり，次が申請国における当局審査のステージであり，最後が両国税務当局による協議のステージです。協議が無事進展して両当局が合意すると，晴れて事前確認が取得できます。事前確認の取得後は合意内容に沿って取引価格を設定することが求められますが，原則として毎年当局への報告書（事前確認の内容に沿った申告が行われているかを確認するため）の提出を求められます。

　今回の質問例，回答例では主に申請のステージを記載しました。なぜなら，審査以降のステージに入ると個別性が非常に高いこと，また税制に関するコミュニケーションというよりは，当局から要請のあった資料を収集したり，まとめたりといった作業に関するコミュニケーションが多くなるからです。特に事前確認の審査フェーズにおいては，海外グループ会社側の資料の提出依頼があることも多く，英語を用いたコミュニケーションの重要性が高いのは変わりありませんが，税制そのものの専門用語を使用する回答は特殊な案件を除き，限定的なことが多いといえます。

第 7 章

日本居住外国人の税務に関するやりとり

一昔前は，日本の会社に勤務する外国人の確定申告は，その会社の人事部が一括して大手事務所に手配する，ということが多く，外国の方の確定申告のためのコミュニケーションを行うのは，ごく一部の大手税理士事務所・国際的税理士事務所の所得税担当者に限られていたように思います。しかしながら，昨今は，所得税の確定申告は個人にゆだねているケースも多く，大手国際税理士事務所でなくとも外国の方の確定申告を行うケースが増えています。

そこで本章では，税理士が日本に居住している外国人の方から，所得税の確定申告書等の作成を依頼された場合に必要となるe-mailを中心に，個人の税務に関するさまざまな例文を集めました。

【本章の構成】
1：所得税全般の説明　p.194
2：確定申告書作成にあたっての質問，資料請求，説明　p.195
3：出国の際の手続・出国税　p.217
4：相続税・贈与税　p.218

1 所得税全般の説明

課税所得の範囲	
日本の居住者で，日本の国籍を有しておらず，かつ，過去10年以内において国内に住所又は居所を有していた期間の合計が５年以下である者は，「非永住者」として取り扱われます。	Non-Japanese nationals that have maintained residence in Japan for an aggregate period not exceeding 5 years during the past 10 years are classified as non-permanent residents.
あなたは非永住者ですので，給与のうち日本源泉所得部分（加えて，国外源泉所得のうち国内で支払われたもの及び国内に送金されたもの）が所得税の対象となります。 （給与所得のみの場合を想定）	Since you are a non-permanent resident, only the Japan source portion of your salary (plus any overseas income paid in Japan or which has been remitted to Japan) is subject to Japanese income tax.
永住者については全世界所得につき課税がなされます。	Permanent residents are taxed on worldwide income.
日本は夫婦合算申告制度を導入していません。	Japan does not adopt a joint income tax return system.
確定申告が不要な個人	
あなたが給与所得者でその給与がすべて日本で支払われている場合，以下の場合を除いて確定申告は必要ありません。 ●２か所以上から給与を得ている場合 ●給与収入が2000万円を超える場合 ●給与以外の所得が20万円以上である場合	If you are an employee and your entire salary and bonus are paid in Japan, you do not need to file a tax return except in the following cases: ●You received salary from two or more employers ●Your annual income exceeds JPY 20,000,000 ●You have income other than salary income exceeding JPY 200,000
課税年度と申告時期	
所得税は暦年ベースで課税されます。	Individual income tax is assessed on a calendar year basis.
申告期限は翌年の３月15日です。	The filing due date is March 15 of following year.

この日より後に提出した場合，ペナルティが課されることがあります。	If you file after this date, you may be liable to pay a penalty.
1月1日に国内に住所を有している場合，住民税の対象となります。住民税の課税標準は前年の所得です。	If you are domiciled in Japan as of January 1, you are subject to local inhabitant tax. The tax basis of for inhabitant tax is the income of the preceding year.
20XX年1月2日以後に入国した場合，20XX年については，住民税が課されません。	If you entered japan on or after January 2, 20XX, you are not subject to 20XX's inhabitant tax.

2 確定申告書作成にあたっての質問，資料請求，説明

```
❶事務的なやり取り（p.196）
❷給与所得（p.197）
❸配当所得・株式譲渡所得（p.198）
❹利子所得（p.201）
❺不動産所得（p.201）
❻雑所得（p.202）
❼譲渡所得（不動産）（p.203）
❽退職所得（p.205）
❾一時所得（p.206）
❿医療費控除（p.207）
⓫社会保険料控除（p.208）
⓬生命保険料控除・寡婦控除（p.208）
⓭配偶者控除・配偶者特別控除・扶養控除（p.209）
⓮配当控除，寄附金控除・住宅借入金等特別控除（p.211）
⓯外国税額控除（p.213）
⓰申告・納税手続（p.214）
```

1 事務的なやりとり

事務的なやりとり	
添付の質問票に回答して，20XX年1月31日までに当方にご送付下さい。 ☞所得税申告に関する質問票→p.245〜	Please fill out the attached questionnaire and send it back to us by January 31, 20XX.
源泉徴収票をお持ちでないならば，会社に発行を依頼して下さい。	If you do not have a withholding tax statement, please request a copy from your employer.
医療費の領収書は原本を送付して下さい。	Please send original copies of receipts relating to medical expenses.
質問票と源泉徴収票であなたの住所が異なります。現在の住所地（がどちらであるか）をお知らせ下さい。	The address indicated in your questionnaire differs from the address in your withholding tax statement. Please confirm your current address.
また，20XX年1月1日における住所地もお知らせ下さい。	In addition, please let me know your address as of January 1, 20XX.
20X1年と20X2年の確定申告書のコピーを送付して頂けますか？	Please send us copies of your 20X1 and 20X2 income tax returns?
質問票で，配偶者の生年月日の欄が空欄になっていました。配偶者の生年月日をお知らせ頂けますか？	In your questionnaire the date of birth of your spouse was not provided. Could you please provide this information?
下記のコピーをご送付下さい。 ●マイナンバー通知書 ●パスポート	Please send us copies of the following: ●Notification of My Number ●Your passport
もしマイナンバーカードをお持ちでしたらマイナンバーカードの両面のコピーを頂けますか？	If you have a "My Number" card, please provide a copy of both sides.

2　給与所得

　基本情報は，「質問票」で収集していることを前提とし，以下では追加的な質問例を記載しています。

経済的利益	
20XX年の所得税は会社が支払いましたか？	Was your 20XX income tax paid by your employer?
会社はあなたの代わりに家賃・光熱費・学費などを支払いましたか？	Did your employer pay any expenses such as housing, utilities, school tuition etc. on your behalf?
ストックオプション報酬等	
金銭による給与以外の，経済的な利益を会社から受けましたか？（例：ストックオプション，リストリクテッドストック，住居，無利息貸付等）	Did you receive any benefits other than salary from your employer? (e.g. stock options, restricted stock, housing, interest-free loan, etc.)
従業者の株式取得制度により株式を取得しましたか？ もし取得した場合，その詳細をお知らせ下さい。	Did you acquire any shares under an employment share acquisition scheme? If so, please provide details.
20XX年のストックオプションの行使に関する明細を下さい。	Please provide the details of any stock options you exercised during 20XX?
あなたのストックオプションの行使益は，給与所得として取り扱われ，日本源泉部分について所得税の課税がなされます。	In your situation, income from exercising stock options is treated as employment income and the Japan source portion of the income is subject to Japanese income tax.
あなたのストックオプションは，日本の「税制適格ストックオプション」に該当するので，行使時には課税は発生しません。	Since your stock options are "tax qualified stock options", exercising them would not incur additional Japanese income tax.
海外払い給与	
あなたの給与で，海外にて支払われた部分はありますか？	Was any part of your salary paid outside Japan?
それらの給与を日本に送金しましたか？ もし送金した場合，20XX年中の送金額を教えて下さい。	Did you remit any part of that salary to Japan? If so, please provide the amount remitted during 20XX.

その他	
前職の退職時に退職金は受領しましたか？	Did you receive any retirement allowance when you left your previous job?
20XX 年中，ビジネスで海外に滞在した日数を教えて下さい。	Please provide the number of days you spent outside Japan for business purposes during 20XX.

3 配当所得・株式譲渡所得

事務的なやりとり（配当・株式譲渡共通）	
証券口座の年間取引報告書を送付して下さい。	Please send us a copy of the annual statement for your brokerage account.
特定口座年間取引報告書を送付して下さい。	Please send us the annual statement for your "designated brokerage account" (Tokutei-Koza).

配当所得	
あなたは永住者ですので，海外の口座で収受した配当についても日本の所得税の対象となります。	Since you are a permanent resident in Japan, the dividends you received from your brokerage account outside Japan are also subject to Japanese income tax.
ご送付頂きました年間取引報告書に記載されていない配当の収受がありましたら，その詳細をお知らせ下さい。	If you received any dividends beyond those specified in the statement you provided, please provide details.
添付の「20XX年中の受取配当」のシートを記入してご返送下さい。 ☞ 受取配当明細表→p.250	Please complete the attached "dividends received during 20XX" form and return it to us.
特定口座に預け入れた上場株式の配当金については，確定申告に含める必要はありません。	You do not need to include details of dividends received in a "designated brokerage account".
上述の配当は確定申告に含めることもできます。	You can include the above dividends in your income tax return.
上場株式配当については，一般の所得税の税率，分離課税の税率（20.315%）のいずれか選択して課税を受けることができます。	Dividends relating to Japanese listed shares can be taxed at either the ordinary income tax rate or the separate flat tax rate (20.315%).

日本の上場株式から収受した配当の税務上の取扱い方法には以下の３つがあります。 (ⅰ) 総合課税の対象とする（限界税率にて課税） (ⅱ) 分離課税の対象とする（20.315％の税率） (ⅲ) 確定申告に含めない（20.315％の源泉徴収にて完結）	You have the below three options to settle your tax liability for the dividends received from the Japan listed shares: (i) Include as ordinary income in your tax return (subject to a marginal rate) (ii) Declare separately from ordinary income (subject to a flat 20.315% rate) (iii) Do not include in an income tax return (in which case income tax will be settled using a withholding tax rate of 20.315%)
あなたの限界税率は40％なので，(ⅲ)が最も有利かと思われます。	Since your marginal rate is 40%, the above option (iii) would be the most advantageous to you.
選択肢(ⅲ)を選択しますか？	Are you agreeable to option (iii)?
日本の非上場株式の年間配当金額が10万円以下の場合，その配当については確定申告に含める必要はありません（含めることもできます）。	If the value of the dividends from the Japanese unlisted company does not exceed JPY 100 thousand per year, you are not required to include the income in your income tax return (but have the option to include it if you wish).
内国法人からの配当については配当控除が適用されます。	Dividend tax credits are allowed for dividends from domestic corporations.
株式譲渡所得	
20XX年中において，株式を売却されましたか？ 売却した場合，添付のシートを記入の上，関係書類（株式譲渡計算書，株式譲渡契約書など）をご送付下さい。 ☞株式等譲渡の明細表→p.251	Did you sell stocks or funds during 20XX? If so, please complete the attached form and return it to us with the necessary related documents such as share sales statements, share transfer agreements etc.
売却した株式の取得価額の資料をお持ちでしょうか？	Do you have cost-basis documents for the stock you sold?
株式譲渡所得はそのほかの所得とは区別して課税がなされます。	Capital gains arising from sales of shares are taxed separately from ordinary income.

第7章

2　確定申告書作成にあたっての質問、資料請求、説明

株式譲渡所得については20.315％の単一税率が適用されます。	A flat rate of 20.315% will apply to capital gains arising from sales of shares.
上場株式の譲渡損失は上場株式の配当所得と通算できます。	Losses arising from sales of listed shares can be offset against income from dividends from listed shares.
上場株式とは，外国の株式市場に上場されている株式を含みます。	Listed shares include those listed on overseas stock exchanges.
株式の譲渡損失は，給与所得と相殺することはできません。	You cannot offset capital losses from stock sales against employment income.
もしあなたが「源泉徴収ありの特定口座」で株式を売却したのであれば，確定申告にその株式譲渡を確定申告する必要はありません。	If you sold your shares in a "designated brokerage account with withholding tax", then you do not need to declare them in your tax return.
上場株式の譲渡に係る譲渡所得は非上場株式の譲渡損失と通算することはできません。	Capital gains from sales of listed shares cannot be offset against capital losses from sales of unlisted shares.
もし相続で親御様からその株式を取得したのであれば，親御様の取得価額があなたに引き継がれます。	If you inherited the shares from a parent, the tax basis of the shares will carried over to you.

第7章

日本居住外国人の税務に関するやりとり

200

4　利子所得

利子所得	
海外に銀行口座をお持ちですか？	Do you have a bank account outside Japan?
20XX年にあなたが収受した海外の預金利子の金額がわかる取引報告書を頂けますか？	Please provide a bank statement showing the interest you received outside Japan during 20XX?
添付のフォームに記入して2月3日までにご返送下さい。 ☞受取利息の明細→p.250	Please complete the attached form and return it to us by February 3rd.
国内で支払われた銀行利子は源泉分離課税となるので，確定申告の必要はありません。	Withholding tax on bank interest in Japan is deducted at source and is therefore outside of the scope of the income tax return.
海外で受け取った預金利子は確定申告の対象となります。	Bank interest received outside Japan needs to be declared in your tax return.

5　不動産所得

不動産所得	
20XX年において不動産所得をお持ちということでしたが，その不動産は日本国内に所在しますか？	You indicated you received real estate income during 20XX. Is the real estate located in Japan?
不動産所得に関して添付のシートにご記入頂くとともに，以下の書類とともにご送付下さい。 ●不動産賃貸借契約書 ●取得価額がわかる資料 ●20XX年中に支払った費用の明細 ☞貸付不動産所の情報シート→p.252	Please provide information about your real estate income in the attached form and return it to us with the following supporting documents: ●real estate lease contracts ●documentation indicating acquisition costs ●bills and receipts for any related expenses paid during 20XX
賃貸不動産について固定資産税を支払っていると思われますが，納税通知書か領収書をお持ちではないですか？	Assuming you paid property tax on your leased asset, did you receive a notice of payment and/or tax receipt?

第7章

2　確定申告書作成にあたっての質問、資料請求、説明

6 雑所得

雑所得	
ウェブ広告収入とアフィリエイト収入があるということでした。次の情報／書類をご提供下さい。 ● 20XX年に稼得した報酬 ● 20XX年に発生した費用 ● 報酬から源泉税が差し引かれている場合，その源泉税額を明らかにする書類	You indicated you received fees through web advertising and affiliate programs. Please provide the following: ● Fees received during 20XX ● Costs/expenses incurred during 20XX ● If tax was withheld from fees, documentation indicating the withholding tax paid.
このパソコンは私用にもご利用でしょうか？ ご利用の場合，私用と業務用の使用時間の割合をお知らせ頂けますでしょうか？	Do you use this computer partly or entirely for private use? If so, please indicate the ratio of private use to business use.
この年金プランは日本の所得税法の「公的年金」には該当しません。	This annuity plan will not be treated as a "public pension" for Japan income tax purposes.
あなたが受け取った年金は，所得税法上「私的年金」として取り扱われ，総収入ー費用が課税対象となります。	The annuities you received will be treated as "private annuities" for Japan income tax purposes and the taxable amount will be the gross distribution minus the cost.

第7章

日本居住外国人の税務に関するやりとり

202

7 譲渡所得（不動産）

譲渡所得（不動産）	
不動産の譲渡所得については他の所得とは区別して課税が行われます。	Capital gains arising from the sale of real estate are taxed separately from other income.
土地建物の譲渡所得に対する税率は、その保有期間に応じて異なります。	The tax rate for capital gains on the sale of land and buildings varies depending on the holding period of the assets.
短期保有土地建物に係る譲渡所得は39.63％（国税30.63％，地方税９％）の均一税率で課税がされます。	Gains from the sale of land and buildings that are held for a "short term" are taxed at a flat rate of 39.63% (30.63% national tax and 9% local tax)
もし，譲渡の年の１月１日における土地建物の所有期間が５年超である場合，その譲渡は「長期譲渡所得」として区分され，20.315％（５％の地方税を含む）の税率で課税されます。	If the holding period of the land and buildings as of January 1 of the year of sale is greater than 5 years, the sale will be classified as a "long term" sale and will be taxed at a flat rate of 20.315% (including 5% local tax)
不動産の長期譲渡に係る所得は20.315％（５％の地方税を含む）の税率で課税されます。	Long term capital gains from the sale of real estate will be taxed at a flat rate of 20.315% (including 5% local tax)
マンションを売却されたということでしたが，この件について，以下をお知らせ下さい。 ●売却価額 ●売却日 ●売却費用（金額とその内容） ●購入価額 ●取得日	You indicated that you sold your apartment. Please provide the below information with respect to this sale: ●Sale price ●Date of sale ●Sales expenses (amount and description) ●Purchase price ●Date of purchase
そのマンションは主な居住地でしたか？居住地の場合，そのマンションから引っ越したのはいつですか？	Whether the apartment was your principal residence? If so, when did you vacate the apartment?
居住用の別の戸建／マンションを購入しましたか？	Did you purchase another house / apartment to live in?

以下の書類を送付して頂けますでしょうか？ ●売買契約書 ●マンションの登記簿 　（土地・建物いずれも） ●売買契約書（マンション取得時のもの） ●住民票	Could you please send the following documents? ● Sales contract ● Copy of registration of the apartment (both for the land and building) ● Purchase contract (indicating when you purchased the apartment) ● Copy of residence certificate
買い手は第三者でしょうか？ 買い手と何らかの関係（家族，親戚など）がある場合には，その関係をお知らせ下さい。	Was the buyer a third party? If you have some relationship (e.g. family, relative etc.) with the buyer, please provide details.
あなたのケースでは，居住用財産を譲渡した場合の3000万円控除の特例を適用することができます。	Based on your situation you can apply a 30 million yen special deduction for the sale of residential property.

【こんなときの表記】e.g.とi.e.について

　英文を読んでいると「e.g.」や「i.e.」を見かけることがあります。両者は，一見似ていますが，前者は「例えば」という例示の意味，後者は「すなわち」という換言の意味を持ちます。

【例】

Animals, e.g. cats and dogs.（犬や猫といった動物）

My dog, i.e. Dave.（僕の犬，つまりデーヴ）

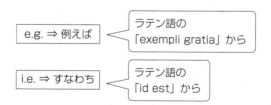

8 退職所得

退職所得	
去年，転職されたとのことですが，会社から退職金はお受け取りになりましたでしょうか？	You indicated that you changed your job last year. Did you receive any retirement allowance and/or termination payment from your employer?
退職金は日本国内で支払われましたか？	Was the retirement allowance paid in Japan?
もし支払われた場合，退職所得の源泉徴収票を頂戴できますか？	If so, please provide the withholding tax slip for the retirement income.
もし退職金が国内で支払われていた場合，源泉徴収が行われているため，通常，当該所得を確定申告に含める必要はありません。	If a retirement allowance is paid in Japan, in general it is not necessary to declare the income in your income tax return since income tax is withheld at payment.
国外払いの退職金に関して，以下をお知らせ下さい。 ●会社名 ●退職金の額 ●源泉税 ●純受取額 ●支払日 ●退職日 ●入社日	With regards to your retirement allowance paid outside Japan, please provide the following: ●Name of employer ●Amount of retirement allowance ●Tax withheld ●Amount received (i.e. Net paid) ●Date of payment ●Date of retirement ●Hiring date
退職所得についてはほかの所得と区別して課税が行われます。国税については，累進税率で最高税率は45％です。地方税は10％の定率です。	Retirement income will be taxed separately from other income. The national tax system is progressive and has a maximum rate of 45%. Local taxes carry a flat rate of 10%.
退職所得は次の算式によりに計算します。 退職所得 ＝（収入金額（＊）－退職所得控除額）×1/2 （＊）源泉税控除前	Retirement income is calculated by the following formula: Retirement income =(amount received (*) – retirement deduction) ×50% (*)Gross amount before withholding tax is deducted

第7章

2 確定申告書作成にあたっての質問、資料請求、説明

退職所得控除額の計算式は以下の通りです。	The calculation formula for the retirement deduction is set out below:

勤続年数（＝A）	退職所得控除額
20年以下	40万円×（A）
20年超	800万円+70万円 ×（（A）−20年）

☞数字の表記→p.123

Number of years of service with the company (A)	Retirement deduction
20 yrs. (*) or less	JPY 400K×(A)
More than 20yrs.	JPY 8M + 700K×((A)−20yrs.)

(*) yrs.=years

役員については，上記ルールの例外があります。	There is an exception to the above rule for directors.
もし役員に就任して5年以内に退職した場合，退職所得に対する1/2課税は適用されません。	Directors retiring within 5 years of being appointed in their position do not qualify for the 50% retirement income deduction.

9　一時所得

一時所得	
一時所得の課税対象金額は以下の算式により計算されます。 （（収入−費用）−50万円）×50%	The tax base for occasional income is calculated using the following formula: ((Revenue−Cost)−JPY500,000) × 50%
あなたが受け取った生命保険の満期返戻金は一時所得として課税されます。	The life insurance maturity proceeds you received will be taxed as occasional income.

10 医療費控除

医療費控除	
20XX年において，□□□円以上の医療費の支払いがあった場合，添付をご記入下さい。	If you paid more than □□□ yen of medical expenses during 20XX, please complete the attached schedule.
もし，あなたが20XX年中に支払った医療費が10万円（＊）を超えている場合，医療費控除を受けることができます。 （＊）10万円と総所得の５％いずれか小さい金額	If the medical expenses you paid during 20XX exceeded JPY 100,000 (*) then you are eligible for a deduction on those expenses. (*) The lower of JPY 100,000 and 5% of your total income
医療費控除を受けようとする場合，添付のワークシートをご記入の上，領収書（原本）を当方宛ご送付下さい。 ☞医療費控除明細→p.253	If you would like to apply the medical expense deduction for, please complete the attached worksheet and return it to us with original copies of the receipts.
配偶者及び被扶養者の医療費も含めることができます。	You can additionally include medical expenses for your spouse and any dependents.
保険が支払われた金額については，医療費から控除する必要があります。	Any amounts that have already been reimbursed by insurance should be deducted from the medical expenses.
一般に□□□の費用は医療費控除の対象となりません。 （例） 人間ドック，美容整形,インフルエンザ予防接種，ダイエット用サプリメント，差額ベッド代	Generally, expenses relating to □□□ are not eligible for the medical expense deduction. (example) Medical checks, cosmetic surgery, flu vaccinations, dietary supplements, extra bed fee
ご送付頂く医療費のリストに，日本入国前に支払った医療費は含めないで下さい。その医療費は，医療費控除の対象となりません。	In the medical expenses you submit, please do not include any expenses incurred before you entered Japan since such expenses are not eligible for the medical expense deduction.

第7章

2 確定申告書作成にあたっての質問、資料請求、説明

207

11 社会保険料控除

社会保険

20XX年中，ご自身あるいはご家族の国民健康保険の保険料を支払いましたか？	Did you make national health insurance contributions for yourself or your family during 20XX?
国民年金保険料の控除証明書（原本）をご送付下さい。	Please send us original copies of the payment certificates for the national pension insurance premiums.
国民健康保険税の支払済確認書のコピーをご送付下さい。	Please send us a copy of the payment confirmation for the national health insurance tax.

12 生命保険料控除・寡婦控除

生命保険料

生命保険会社から生命保険料控除証明書は受け取りましたか？	Did you receive the payment certificate of your life insurance premium from your life insurance company?
証明書がないのであれば，生命保険料控除は受けられません。	If you do not have the certificate, you cannot apply the insurance deduction.
生命保険会社に控除証明書の再発行を依頼できるかもしれません。	You may request reissuance of your certificate from the life insurance company.
あなたは合計で年間16万円の生命・医療保険料を支払っているので，8万円の所得控除を受けることができます。	You paid a total of 160,000 yen for life and medical insurance. Therefore, you are eligible for 80,000 yen as a deduction.

寡婦控除

「寡婦控除」の適用を検討するために，以下についてご回答頂けますでしょうか？ (ⅰ) ご主人とは死別されたのでしょうか？ 離婚されたのでしょうか？ (ⅱ) ご主人との死別／離婚以来，独身でいらっしゃいますでしょうか？	In order to determine your eligibility for the "exemption for widows", could you please answer the following: (i) Have you become widowed or divorced from your husband? (ii) Has your marital status changed since becoming widowed or divorced?

第7章

日本居住外国人の税務に関するやりとり

208

13 配偶者控除・配偶者特別控除・扶養控除

配偶者控除・配偶者特別控除・扶養控除	
配偶者 の方は20XX年中に所得があるということでしたが，これに関して以下の情報をご提供お願いいたします。 ● 配偶者 の方が給与所得のみを有する場合→配偶者の方の20XX年の給与の見込額をお知らせ下さい。又は源泉徴収票のコピーをご送付下さい。 ● 上記以外の場合：20XX年の合計所得金額をお知らせいただくか，20XX年の 配偶者 の確定申告書のドラフトをご送付下さい。 （注）扶養控除の場合，□部分を息子（San），娘（Daughter）等に変更	You indicated that your spouse received income during 20XX. Please provide the following: ● If your spouse received employment income only, please provide his / her supposed annual income for 20XX or provide a copy of their withholding tax slip ("gensen-choshu-hyo"). ● Other than above, please provide your spouse 's taxable income for 20XX or a draft of the 20XX tax return.
合計所得の金額が10百万円（＊）超の方は配偶者控除／配偶者特別控除の適用を受けることができません。 （＊）給与収入12.2百万円が所得金額10百万円に相当	Those with taxable income exceeding JPY 10 million (*) will not be eligible for the spouse deduction/special spouse deduction. (*) A gross salary of 12.2m JPY corresponds to a taxable income of 10m JPY.
配偶者控除／配偶者特別控除の金額は，納税者と配偶者の所得の金額により変わります。最高が380,000円です。	The amount qualifying for the spouse deduction / special spouse deduction varies depending on the income of the taxpayer and his/her spouse. The maximum amount is JPY 380,000.
あなたの扶養親族は海外に住んでいますか？	Are your dependents living overseas?

第7章

2 確定申告書作成にあたっての質問、資料請求、説明

国外に居住している親族について扶養控除を適用したい場合には，以下の書類を確定申告書に添付する必要があります。 （ⅰ）親族関係を示す書類（例：出生届及び被扶養者のパスポート） （ⅱ）被扶養者への送金事実を示す書類（例：外国送金依頼書のコピー）	If you would like to apply for an exemption for your dependents living outside of Japan, you need to attach the below documents to your tax return. (i) Documents which prove the family relationship e.g. birth certificate and passport of dependent (ii) Documents indicating any cash transfers to the dependent e.g. a copy of the application for foreign remittance

【国外居住親族に係る扶養控除について】

日本のような戸籍制度がない国も多いので，「親族関係を示す書類」を集めるのに時間がかかる場合もあります。必要書類は時間に余裕をもってお伝えしたいですね。

なお，書類が外国語で作成されている場合，翻訳の添付も必要です。

Japanese translation needs to be attached.

14 配当控除・寄附金控除・住宅借入金等特別控除

配当控除

国内の会社から配当を受け取って，総合課税の対象に含めた場合，配当控除を適用することができます。	If you received dividends from a domestic company which you declare as ordinary income then you can claim a tax credit.
（配当）控除は外国法人からの配当に対しては適用されません。	The credit does not apply to dividends received from foreign companies.

寄附金控除

寄附金のうち適切な書類がそろっているものについて，その詳細情報をご提供頂くとともに，控除証明書をご送付下さい。	For any donations, please provide detailed information and a copy of the donation certificate.
その寄附金については，所得控除と税額控除の両方が適用可能です。	For donations you may apply an income deduction or a tax credit.
所得控除と税額控除，いずれか税金が少なくなるほうを選ぶということでよろしいでしょうか？	Can we select the most preferential option on your behalf?

住宅借入金等特別控除

居住する住宅を借入金で取得し，一定の要件を満たす場合には，住宅借入金等特別控除を適用することができます。	If you took out a loan to acquire property for your own residence, you may be eligible for a tax deduction subject to meeting certain conditions.
以下の情報をお知らせ下さい。 ●居住開始日 ●総床面積 ●取得日 ●購入価額／取得価額	Please provide the following: ●Your residency starting date ●Gross floor area ●Purchase date ●Purchase price / acquisition cost
以下の書類をご提出下さい。 ●住宅ローンの年末残高証明書 ●住民票の写し ●土地・建物の登記簿謄本 ●土地建物の売買契約書 ＊英訳例では，説明のため，書類の発行体についても記載している。	Please provide the following documents: ●Certificate of year-end balance of housing loan (issued by lender) ●Copy of residence certificate (issued by city office) ●Certificate of land/building registration (issued by Legal Affairs Bureau) ●Copy of purchase contract of land and building
その建物は共有ですか？	Do you own the building jointly?

第7章

2 確定申告書作成にあたっての質問、資料請求、説明

211

控除率は，居住開始日や建物の構造などにより異なります。	The deductible amount will vary depending on certain factors such as when your inhabitance commenced, the type of building structure etc.
あなたの場合，住宅ローン残高の1％である13万円が税額から差し引かれます。	In your case, 1% of the balance of the housing loan (130,000 yen) will be deducted from your tax due.
10月下旬ごろ，税務署から「住宅借入金等特別控除申告書兼住宅借入金等特別控除証明書」が送付されます（両者は一つの用紙に記載されている点ご留意下さい）。	In late October you will receive an "application form for housing loan credit for employees" and "certificate of housing loan credit for year-end adjustment" from your tax office (please note they are both included on the same page).
この書類は年末調整の際，雇用者に提出する必要があります。	You need to provide these documents to your employer for the year-end adjustment process.

15 外国税額控除

外国税額控除	
居住者が外国税額について控除ができるのは所得税の金額のうち国外所得に対応する部分の金額となります。	The foreign tax credit available to resident taxpayers is capped at an amount equal to the Japanese income tax attributable to the foreign source income.
外国税額控除の限度額は次の算式により求められます。 控除限度額 ＝所得税等の額$^{(*)}$ × $\dfrac{国外源泉所得}{所得総額}$ （＊）一定の調整後の金額	The maximum availabe foreign tax credit is calculated using the following formula: Credit limit = Japanese income tax$^{(*)}$ × $\dfrac{\text{foreign source income}}{\text{total income}}$ (*) After certain adjustments
控除しきれない外国税額は控除限度額の範囲内で復興所得税，住民税から差し引くことができます。	Any excess foreign tax can be credited against income tax for reconstruction and inhabitant tax up to threshold.
頂戴した資料から，あなたの20XX年中の外国税額の支払いは以下の通りであると理解しております。我々の理解が正しいかご確認下さい。	Based on the documents you provided, we understood you paid the following foreign taxes during 20XX. Please confirm whether our understanding is correct.

Foreign tax payments during 20XX
20XX年の外国税額の納税状況

Country 国名	Payment date 納付日	Withheld at source(=W) or paid by yourself (=Y) 源泉税 (=W) または申告納税 (=Y)	Period 期間	Tax Base 課税標準	Foreign tax paid 納税額	Description 摘要
XX	xx,xxx,20XX	Y	January 1, 20XX ~ December 31, 20XX	USD 30,000	USD 15,000	Final payment of 20XX
XX	xx,xxx,20XX	Y	January 1, 20XX ~ December 31, 20XX	—	2,000	1 st installment of 20XX
XX	xx,xxx,20XX	W	—	USD 1,000	USD 100	Withholding tax on dividend
				Total	xxxx	

外国税額控除に際しては，支払の証憑が必要です。	Foreign tax credit can only be claimed against payments which are evidenced by supporting documentation.

第7章

2 確定申告書作成にあたっての質問、資料請求、説明

16 申告・納税手続

確定申告書の送付

20XX年確定申告書を3セットお送りします。	We enclose three copies of your 20XX income tax return.
以下の書類を送付いたします。 (a) 20XX年確定申告書 (b) 税務権限代理証書 (c) 納付書	We attach the following documents: (a) income tax return for 20XX (b) power of attorney and declaration of representative (zeimu-kengen-dairi-shosyo) (c) payment slip
印のある所に，サイン又は捺印して下さい。	Please sign or apply your seal where indicated.
黄色い付箋を付した場所にサイン又は捺印の上，(a)と(b)を当方宛てにご返送下さい。	Please sign or apply your seal where indicated with the yellow label and return (a) and (b) to us.
以下の(i)，(ii)のいずれかのコピーをご送付下さい。 (i) マイナンバーカード（両面） (ii) 市役所から送付されたマイナンバー通知書とパスポート	Please provide a copy of (i) or (ii): (i) Both sides of My Number card (ii) Notification letter from municipal office of My Number and passport

納税手続

所得税は，添付の納付書を利用して銀行で納付することができます。	You can pay your income tax by cash at a bank using the attached payment slip.
以下のウェブサイトからクレジットカードでの納付も可能です。 https://kokuzei.noufu.jp/	You can pay your income tax by credit card at the following website: https://kokuzei.noufu.jp/
所得税を銀行引落しでの支払をご希望の場合，添付の用紙にご記入の上，3月15日までに所轄税務署にご提出下さい。 ☞預金口座振替依頼書の英訳例は国税庁「英語版：外国人向け確定申告の手引き」を参照（URLについては本書p.67参照）	If you wish to pay your income tax by automatic bank transfer system, please complete the attached form and send it to your national tax office by March 15.
銀行に登録した印鑑をご使用下さい。	Please ensure you use the seal you registered at your bank.

20XX年の確定税額は4月20日に指定の銀行口座から引き落とされます。	The final national tax amount due for 20XX will be withdrawn from the designated bank account on April 20, 20XX.
引落し時に銀行口座に十分な残高があるようお気を付け下さい。	We advise that you ensure you have sufficient funds in your bank account at the designated withdrawal date.
残高不足により引き落としができなかった場合，延滞税が課されます。その場合，延滞税は3月16日から計算されます。	If the balance is insufficient and your tax due was not withdrawn, you will be subject to interest tax. The interest tax is charged from March 16, 20XX.

☞所得税の税額計算表→資料4（p.232）
　所得税の確定申告書英訳例→資料7（p.242）
　税務調査，加算税→p.105

いろいろな種類の所得・諸控除の英訳

以下に，所得税法の①各種所得，②諸控除（所得控除），③税額控除の名称についてその英訳をまとめました。

【各種所得の英語訳】

日本語	英語
事業所得	Business income
不動産所得	Real estate income
利子所得	Interest income
配当所得	Dividend income
給与所得	Employment income

日本語	英語
雑所得	Miscellaneous income
譲渡所得	Capital gains
一時所得	Occasional income
山林所得	Timber income
退職所得	Retirement income

【各種所得控除の英語訳】

日本語	英語
雑損控除	Deduction for casualty losses
医療費控除	Deduction for medical expenses
社会保険料控除	Deduction for social insurance premiums
小規模企業共済等掛金控除	Deduction for small business mutual aid premiums
生命保険料控除	Deduction for life insurance premiums
地震保険料控除	Deduction for earthquake insurance premiums
寄附金控除	Deduction for donations
障碍者控除(注)	Exemption for handicapped
寡婦（寡夫）控除(注)	Exemption for widows or widowers
勤労学生控除(注)	Exemption for working students
配偶者控除(注)	Exemption for spouses
配偶者特別控除(注)	Special exemption for spouses
扶養控除(注)	Exemption for dependents
基礎控除(注)	Basic exemption

(注) 人的控除に関して，上記では「exemption」（非課税）を用いているが，「deduction」（控除）や，「relief」（軽減）を使用することも可能

【各種税額控除の英語訳】

日本語	英語
配当控除	Credit for dividends
住宅借入金等特別控除	Tax credit for residential loans
※ に寄附をした場合の特別控除 （※）- 公益社団法人 　　 - 政治活動 　　 - 認定特定非営利活動法人等	Special credit for donations to ※ (※) 　- Public interest incorporated associations 　- Political parties 　- Certified NPOs
所得税税額控除	Withholding tax credit
外国税額控除	Foreign tax credit

3 出国の際の手続・出国税

出国時の手続・出国税の説明	
日本を出国して居住者でなくなる場合には，出国前に以下のいずれかを行う必要があります。 (ⅰ) 当該事業年度の所得税の申告を行う。 (ⅱ) 納税管理人を定めて，「納税管理人の届出書」を税務署に提出する。	If you leave Japan and lose resident status, you will need to complete either procedure of the following prior to your departure date: (i) File an income tax return for the current year, or (ii) Appoint a tax agent (nozei-kanri-nin) and file a "declaration naming a person to administer the taxpayer's tax affairs for income tax" to the national tax office.
日本の居住者で以下の要件を満たす者は，国籍にかかわらず「出国税」の対象となります。 (ⅰ) 国外転出時点において，一定の金融資産を1億円超有している場合 (ⅱ) 過去10年間において5年以上日本国内に住所を有していた場合	Japan residents, irrespective of nationality, who meet the following conditions are subject to "exit tax". (i) Hold certain financial assets whose total value is at least JPY 100 million at their departure (ii) Resided in Japan for more than 5 years* during the past 10 years
外国籍の方が一定のビザで日本に滞在した場合，その期間は上述の(ⅱ)の判定上，日本滞在期間から除外されます。	With regard to (ii) above, any period during which an individual resided in Japan with a visa status indicated in Table 1 of the Immigration Control Act will not be considered a resident period in Japan.
出国税は一定の資産の含み益に対して15.315%の税率で課税されます。	Exit tax applies to net unrealized gains on certain assets at the rate of 15.315%.
在留資格をお知らせ頂くか，パスポートのコピーをご送付下さい。	Please confirm your visa status or provide a copy of your passport.
過去10年間での日本居住者であった期間をお知らせ下さい。	Please confirm how much time during the past 10 years you were resident in Japan.

4 相続税・贈与税

相続税	
相続税は，資産を相続した個人に課されます。	Inheritance tax applies to individuals who have inherited assets.
贈与税は贈与により資産を取得した個人に課されます。	Gift tax applies to individuals who have received assets as a gift.
相続税・贈与税の課税の対象となる資産の範囲は，以下によって異なります。 (i) 当該相続により資産を取得した者の住所 (ii) 被相続人の住所 (iii) 被相続人の国籍 (iv) 被相続人の在留資格（あれば） ☞相続税の課税範囲→p.220	The assets that fall within the scope of inheritance and gift tax varies depending on: (i) Place of domicile of those who acquired the assets (ii) Place of domicile of deceased (iii) Nationality of the deceased (iv) Visa status in Japan of the deceased (if applicable)
頂戴した以下の情報に基づけば，あなたが相続した財産のうち日本国内財産についてのみ，相続税が課されることとなります。 (i) 被相続人であるあなたのお父様は日本に住所を有したことがない。 (ii) 相続人であるあなたは日本に出入国管理法別表第1の資格で在留している。 (iii) 過去15年以内に日本に住所を有していた期間の合計が10年以下である。	Based on the information you provided (restated below), you are only subject to inheritance tax for the assets located in Japan. (i) Your father, the deceased, has never had a domicile in Japan. (ii) You, the heir, reside in Japan with a visa issued under table 1 of the Immigration Control Law. (iii) You have resided in Japan for an aggregate period not exceeding 10 years during the past 15 years.
参考として，以下に相続税の計算方法の概要を記載いたします。 ☞相続税の計算のしくみ→p.254	For your information, we have provided an outline of the calculation for Japanese inheritance tax.
相続税の税率は10%～55%です。	The inheritance tax rate ranges between 10% and 55%.
もし相続税・贈与税の試算を行いたい場合には，ご連絡下さい。	Please contact us if you require support estimating the inheritance and gift tax due on your assets.

相続税の申告期限は相続を知ってから10か月となっています。 相続税の計算のしくみ→p.254〜	The filing due date for the inheritance tax return is 10 months following acknowledgement of the death.
贈与税	
あなたが贈与により資産を取得した場合には，一般的に，贈与税の対象となります。	Generally speaking, if you acquired property from another individual by way of a gift, you will be subject to gift tax.
英国に居住しているお父様から海外財産の贈与を受けても日本で贈与税は課税されません。（受贈者が外国人で入国管理法別表第1の資格で在留している場合を想定）	If you acquired property located outside Japan from your father who is living in UK, you will not be subject to gift tax.
贈与税の基礎控除額は年間110万円です。	There is annual exemption of JPY 1,100,000 for gift tax.
贈与税の申告期限は翌年の3月15日です。	The filing due date for gift tax return is March 15 of following year.

第7章

4

相続税・贈与税

219

Scope of inheritance tax

相続税の課税範囲

recipient of inheritance/gift 相続人		Domicile in Japan (*) 国内に住所あり（＊）	No residence in Japan 国内に住所なし		
			Japanese citizen 日本国籍あり		Not Japanese citizen 日本国籍なし
Person from whom inheritance/gift received 被相続人			Has resided in Japan during past 10 years 10年以内に住所あり(*)	Has not resided in Japan during past 10 years 10年以内に住所なし	
Domicile in Japan (*) 国内に住所あり（＊）		Assets located within Japan + Assets located outside Japan 国内・国外財産ともに課税			
No residence in Japan 国内に住所なし	Has resided in Japan during past 10 years 10年以内に住所あり				
	Has not resided in Japan during past 10 years 10年以内に住所なし			Assets located within Japan 国内財産のみ課税	

(*) An individual is considered to have no domicile in Japan if they resided in Japan with a visa status indicated in Table 1 of the Immigration Control and Refugee Act and resided for an aggregate period not exceeding 10 years during the past 15 years

（＊）相続人又は被相続人が日本に出入国管理及び難民認定法別表第1の在留資格で過去15年以内に日本に住所を有していた期間の合計が10年以下の場合には，日本に住所を有したことがない者と同様の扱いとする。

参 考 資 料

資料1 税務，会計の省略語

資料2 各種届出書の英文名

資料3 法人税等の税額計算表と加減算項目英訳例

英語での法人税額計算表の作成例と，加減算項目の英訳例を示します。税額計算の説明をする際に必要なところを適宜加除修正の上，ご活用ください。

資料4 20XX年所得税計算書（要約）

資料5 法人税申告書英訳例（別表1⑴，別表4，別表5⑴，別表7⑴，別表17⑷）

法人税申告書の主要別表の英訳例を示します。日本語の申告書様式と対照してご利用ください。なお，紙面の制約により，完全に正確な対訳とはなっていない点ご了解ください。

資料6 消費税申告書英訳例（①消費税申告書，②付表，③消費税の還付申告に関する明細書）

消費税申告書の英訳例を示します。日本語の申告書様式と対照してご利用ください。なお，紙面の制約により，完全に正確な対訳とはなっていない点ご了解ください。

資料7 所得税確定申告書の英訳例（①確定申告書B第一表，②第二表，③第三表）

所得税申告書（確定申告書B）の英訳例を示します。日本語の申告書様式と対照してご利用ください。なお，紙面の制約により，完全に正確な対訳とはなっていない点ご了解ください。また，確定申告書Aは確定申告書Bのシンプルなバージョンですので，申告書Bにおける用語をもって基本的に対応できるものと考えます。

資料8 所得税確定申告の基本情報収集フォームの例（①確定申告に関する質問表，②各種所得の明細）

資料9 日本の相続税の計算のしくみ

資料10 源泉徴収票の英語への変換例

略語	意味	日本語
AOA	Authorized OECD approach	OECD承認アプローチ
APA	Advance pricing agreement	事前確認制度
A/R / AR	Accounts receivable	売掛金
A/P / AP	Accounts payable	買掛金
B/S / BS	Balance sheet	貸借対照表
CFC	Controlled foreign company	特定外国子会社
CGT	Capital gains tax	譲渡益税
CIT CT	Corporate income tax Corporate tax	法人税
COD (I)	Cancellation of debt (income)	債務免除（益）
Cr.	Credit	貸方
Dr.	Debit	借方
DTA	Deferred tax asset	繰延税金資産
DTL	Deferred tax liability	繰延税金負債
ETR	Effective tax rate	法定実効税率
F/S / FS	Financial statement	決算書
FATCA	Foreign Account Tax Compliance Act	外国口座コンプライアンス法
FMV	Fair market value	時価
FTC	Foreign tax credit	外国税額控除
FY	Fiscal year	事業年度
GST	Goods and services tax	売上税
IFRS	International financial reporting standards	国際財務報告基準
IRS	Internal revenue service	内国歳入庁
JCT	Japanese consumption tax	消費税
LOB	Limitations on benefits	特典制限（条項）
NOL	Net operating loss	欠損金

NTA	National tax agency / National tax authority	国税庁 / 国税当局
P/L / P&L	Profit and loss statement	損益計算書
RS	Restricted stock	譲渡制限付株式
SME	Small and medium-sized enterprise	中小企業
SO	Stock option	ストックオプション
T/B / TB	Trial balance	試算表
TP	Transfer pricing	移転価格
UTP	Uncertain tax position	不確実な税務上のポジション
VA	Valuation allowance	引当金
VAT	Value added tax	付加価値税
W/H Tax / WHT	withholding tax	源泉税

※このほか，一般略語についてp.38，会社の略称についてp.120を参照

資料2　各種届出書の英文名

(1) 法人税届出書関係

法人設立届出書	Notification of Incorporation
外国普通法人となった旨の届出書	Notification of foreign corporation becoming subject to corporate tax
青色申告の承認申請書	Application for blue form tax return filing status
申告期限の延長の特例の申請書	Application for filing extension for corporation tax return
事業税の申告期限延長の特例の申請書	Application for filing extension for enterprise tax return
住民税の申告期限の延長の特例の申請書	Application for filing extension for inhabitant tax return
給与支払事務所等の開始等届出書	Notification of commencement of payment of wages and salaries
源泉所得税の納期の特例の承認に関する申請書	Application for special provision for due date extension of withholding taxes
有価証券の評価方法の届出書	Notification of method of securities valuation
棚卸資産の評価方法の届出書	Notification of method of inventories valuation
減価償却資産の償却方法の届出書	Notification of method of depreciation
外貨建資産等の期末換算方法等の変更承認申請書	Application for change of conversion method for foreign currency assets and liabilities
法人の解散届出書	Notification of dissolution of company
法人の清算結了届出書	Notification of completion of liquidation of company
租税条約に関する届出書	Application for income tax convention
納税管理人の届出書	Notification of appointment of a tax representative
納税管理人解任届出書	Notification of termination of a tax representative

(2) 消費税関係届出書　※消費税は英訳上JCTと略称で記載しています	
消費税課税事業者選択届出書	Election to be a taxable company (person) for JCT purposes
消費税課税事業者選択不適用届出書	Notification of cancellation of election to be a taxable company (person) for JCT purposes
消費税課税期間特例選択届出書	Notification to file JCT return on a quarterly (or monthly) basis
消費税課税期間特例選択不適用届出書	Notification of cancellation to file JCT return on a quarterly (or monthly) basis
消費税課税売上割合に準ずる割合の適用承認申請書	Application for using Alternate Taxable Sales Ratio
消費税課税売上割合に準ずる割合の不適用届出書	Notification of cancellation for using alternative taxable sales ratio
消費税簡易課税制度選択届出書	Notification of election for simplified method for computation of tax liability
消費税簡易課税制度選択不適用届出書	Notification of cancellation of election for simplified method for computation of tax liability
消費税課税事業者届出書	Notification of becoming JCT taxpayer
消費税の新設法人に該当する旨の届出	Notification of qualification for newly established corporation for JCT
消費税の特定新規設立法人に該当する旨の届出	Notification of qualification for specified newly established corporation for JCT
消費税の納税義務者でなくなった旨の届出書	Notification of cessation of JCT taxpayer status
事業廃止届出書	Notification of termination of business
合併による法人の消滅届出書	Notification of dissolution of company by merger

(3) 社会保険の設立時届出	
〈労働保険〉	Labor insurance
保険関係成立届	Notification of establishment of labor insurance relationship
概算保険料申告書	Estimated insurance premium declaration
就業規則届	Notification of rules of employment
雇用保険	Employment Insurance
適用事業所設置届	Notification of establishment of business covered by employment insurance
雇用保険被保険者資格取得届	Notification of qualification of employment insurance
〈健康保険・厚生年金保険〉	Health insurance/pension Insurance
健康保険厚生年金保険新規適用届	Notification of new application
健康保険厚生年金保険被保険者資格取得届	Notification of qualification as insured person
健康保険被扶養者（異動）届	Notification of changes of insured person's dependents
厚生年金保険被保険者ローマ字氏名届	Notification of insured person's name in romaji

※日本語の下線部分は英訳上省略しています

資料3

資料3　法人税等の税額計算表と加減算項目英訳例

Computation of National / Local Income Taxes（法人税等の計算）	
(1) Computation of TAXABLE INCOME（課税所得の計算）	
Income before income taxes（税引前当期利益）(A)	¥10,000,000
Tax Adjustment:	
Add（加算）	
Withholding tax deducted as expense	¥200
Enterprise tax	3,000,000
Disallowed directors' remuneration expenses	121,000
Entertainment expenses disallowed	130,000
Donation expenses, not deductible	20,000
Excess depreciation disallowed	328,000
Disallowed reserve for retirement allowance	500,000
Accrued expenses, currently not deductible	50,700
Disallowed reserve for bonus	200,000
Consumption tax adjustment	100
Deduct（減算）	
Exclusion of Dividend received from income tax	(50,000)
Excess depreciation, allowed as expense	(100,000)
Reserve for retirement allowance, paid and allowed as expense	(100,000)
Sub-Total (B)	¥4,100,000
Taxable income before NOL deduction（課税所得（欠損金控除前））(C) =(A)+(B)	14,100,000
NOL deduction（欠損金控除）(D)	(700,000)
Taxable income（課税所得）(E) = (C) − (D)	¥13,400,000

資料3

(2) COMPUTATION OF TAXES: （税額計算）				（*）は課税標準の説明
		Total Tax for the year	Interim Payment	Balance Due
\<National Tax （国税）\>				
National Corporation tax （法人税）:				
¥13,400,000 × 23.4% =		3,135,600		
Tax credit		0		
Withholding tax		(200)		
		3,135,400	(1,500,000)	1,635,400
Local Corporation Tax （地方法人税）				
¥3,135,000 × 4.4% =		137,940		
Tax credit		0		
		137,900	(70,000)	67,900
\<Local Tax （地方税）\>				
Enterprise tax （事業税）:				
Tokyo				
Income levy （所得割）				
¥4,000,000 × 0.395% =		15,800		
4,000,000 × 0.635% =		25,400		
5,400,000 × 0.88% =		47,500		
13,400,000		88,700		
Value added levy （付加価値割）				
¥138,000,000 × 1.260% =		1,738,800		
Capital levy （資本割）				
¥150,000,000 × 0.525% =		787,500		
		2,615,000	(1,307,000)	1,308,000
×Special local corporation tax （地方法人特別税）:				
Tokyo				
¥69,800 × 414.2% =		289,100	(143,000)	146,100
Inhabitants tax （住民税）:				
Tokyo				
¥3,135,000 × 16.3% =		511,000		
Tax credit		0		
Per capita levy（均等割）		290,000		
		801,000	(428,000)	373,000
Grand-total （総計）		¥6,978,400	(3,448,000)	3,530,400

Based on taxable income (*)

Based on salaries, net interest paid and net rent paid and taxable income before NOL deductions (*)

Based on capital and capital surplus (*)

4,000K×0.3%+4,000K×0.5%+5,400K×0.7%=69,800K (*)

Based on national corporate tax (*)

229

[申告調整項目の英訳例]

	日本語	英語
	〈税金勘定関連〉	**Tax related adjustments**
加	損金の額に算入した法人税	Corporate income tax deducted as expense
加	損金の額に算入した納税充当金	Provision for income taxes
減	仮払税金認定損	Prepaid taxes, currently deductible
加	仮払税金認定損戻入	Prepaid taxes in prior year, currently not deductible
加	源泉税損金不算入	Withholding income tax charged to expense, not deductible
減	納税充当金支出事業税等	Enterprise tax paid and charged to the accrued income tax account
減	法人税等の中間納付額及び過誤納に係る還付金額等	Interim tax refunded, not taxable
減	所得税額の還付金額	Withholding tax refunded, not taxable
加	損金の額に算入した附帯税及び過怠税	Penalty taxes charged to expense
減	中間事業税認定損	Enterprise tax per interim tax return, currently deductible
加	法人税等調整額	Deferred tax expense
	〈引当金・未確定債務〉	**Allowances, Accrued Expenses**
加	貸倒引当金繰入超過額	Disallowed allowance for doubtful accounts
減	貸倒引当戻入認容	Reversal of doubtful accounts
加	貸倒損失否認	Bad-debt loss not deductible
減	貸倒損失認容	Bad debt losses disallowed in prior year, currently deductible
加	賞与引当金	Accrued bonus disallowed
減	賞与引当金取崩認容	Reversal of accrued bonus disallowed in prior year
加	退職給与引当金	Reserve for retirement allowance disallowed
減	退職給与引当金から支出した退職金の額	Reserve for retirement allowance, paid and allowed as expense
加	有給休暇引当金否認	Accrued vacation, currently not deductible
減	前期否認有給休暇引当金取り崩し額認容	Reversal of accured vacation disallowed in prior year
加	未確定債務否認	Accrued expenses, currently not deductible

減	前期否認未確定債務認容	Reversal of accrued expense disallowed in prior year
	〈資産関連〉	**Asset related adjustments**
加	固定資産計上もれ	Fixed asset acquisition costs deducted as expense, currently not deductible
加	減価償却の償却超過額	Excess depreciation disallowed
減	減価償却超過額の当期認容額	Excess depreciation, allowed as expense
加	減損損失否認	Disallowed impairment loss
加	繰延資産償却超過額	Excess amortization of deferred assets
	〈売上・仕入関連〉	**Sales and costs**
加	売上計上もれ	Understatement of sales, currently taxable
減	前期売上計上もれ認容	Understatement of sales in prior year, currently deductible
加	棚卸資産計上もれ	Understatement of inventories, currently taxable
加	前期棚卸資産計上もれ認容	Understatement of inventories in prior year, currently deductible
加	売上原価過大計上	Overstatement of cost of sales, currently not deductible
減	前期売上原価認容（前期）	Overstatement of (prior year) cost of sales currently deductible
	〈その他一時差異〉	**Other temporary differences**
加	有価証券評価損否認	Disallowed valuation loss of securities
加	前払費用計上もれ	Unrecorded prepaid expense
加	消耗品否認	Unrecorded miscellaneous stock
加減	為替差損益	Unrecorded exchange gain/loss
加減	消費税差額	Consumption tax adjustment
	〈永久差異〉	**Permanent differences**
減	受取配当等の益金不算入額	Dividends received, not taxable
加	寄附金の損金不算入額	Donation expenses, not deductible
加	受贈益の益金不算入	Gift income, not taxable
加	交際等の損金不算入額	Non-deductible portion of entertainment expenses
加	役員給与否認	Disallowed directors' remuneration expenses
加	国外支配株主等に対する負債利子損金不算入（過少資本税制）	Non-deductible interest expense under thin capitalization rules
加	関連者等に係る純支払利子等の損金不算入（過大支払利子税制）	Non-deductible interest expense under earnings stripping rules

231

資料4

20XX年所得税計算書（要約）
(Summary of 20XX Income Tax Calculation)

総合課税のみの場合。主要項目のみ。

Total Income （総所得）			
	Revenue （収入）	Cost/Deductions （費用）	Income （所得）
Salary （給与所得）			
Interest （利子所得）			
Dividend （配当所得）			
Rent （不動産所得）			
Misc. income （雑所得）			
TOTAL INCOME （総所得）			
Deductions （諸控除）			
Medical expenses （医療費控除）			
Social insurance （社会保険料控除）			
Life insurance （生命保険料控除）			
Earthquake insurance （地震保険料控除）			
Spouse/Special deduction for spouse （配偶者控除 / 配偶者特別控除）			
Dependents （扶養控除）			
Basic deduction （基礎控除）			
Other （その他）			
TOTAL DEDUCTIONS （所得控除合計）			
TOTAL TAXABLE INCOME （課税所得）			
GROSS TAX DUE （上記に対する税額）			(A)
Tax Credits （税額控除）			
Dividends （配当控除）			
Housing loans （住宅借入金特別控除）			
Donations （寄附金等特別控除）			
TOTAL （合計）			(B)
NET(A)−(B)			(C)
SPECIAL INCOME TAX （復興特別所得税） (C)×2.1%			(D)
(C)+(D)			
Foreign tax credits （外国税額控除）			
Withholding taxes （所得税額控除）			
TAX FOR THE YEAR （年税額）			
1st installment （予定納税 1 期）			
2nd installment （予定納税 2 期）			
FINAL AMOUNT DUE （納める税金）			

資料5

資料5　法人税申告書英訳例

Schedule Form 1 (1)　〔別表1(1)〕

For the use by ordinary corporations (excluding specified medical corporations) and non-juridical organizations.

Stamp by tax office	Tax office			DATE:			
Place of tax payment		Type of business					
Name of corporation		Capital amount at the end of the year	JPY				Items to be filled in by tax office (omitted)
		Capital amount is JPY100M or less, not treated as SME					
Signature of representative		Qualified non-profit organizations					
		Classification of the corporation	Family	Family of non-family	Non-family		
Address of representative		Name of person responsible for accounting					
		Attachments	B/S, P/L, statement changes in shareholder's equity, account detail, outline report of business, copy of reorganization agreement, detail of transferred assets and liabilities in reorganization				

Final corporation tax return for the accounting period　From
(period of computation in case of an interim tax return)　To

Taxable income or loss ((48) ① of Form 4)	1				Income tax (6-3) of Form 6(1)	16	
Corporation tax amount (54) or (55)	2			Calculation of tax credit	Foreign tax (20) of Form 6(2)	17	
Special tax credit against Corporation tax	3				Total (16) + (17)	18	
Balance - net corporation tax amount (2)-(3)	4				Amount deducted (12)	19	
Return of special tax credit relating to cancellation of lease	5				Amount not deducted (18) - (19)	20	
Capital gains on land	Taxable capital gains on land	6			Tax amount on capital gain on land	Tax amount on taxable capital gains on land (27) of Form 3(2)	21	
	Tax on above amount	7				Same as above (28) of Form 3(2-2)	22	
Retained earnings	Taxable retained earnings	8				Same as above (23) of Form 3(3)	23	
	Tax on above amount	9			Tax refund by filing this return	Refund of income tax etc., (20)	24	
Total corporation tax (4) + (5) + (7) + (9)	10	0			Interim payment (14)-(13)	25	
Deduction of corporation tax resulting from correction of exaggerated tax return based on manipulation of account	11				Refund of tax due to loss carry back	26	0
					(24)+(25)+(26)	27	
Tax credit against corporation tax amount ((10)-(11) or (18), whichever is smaller)	12			If this tax return is an amended tax return	Taxable income/loss before this return (60)	28	
Balance - corporation tax on taxable income (10) - (11) - (12)	13				Corporation tax payable or decrease in claim for refund of tax by filing this return (65)	29	
Corporation tax paid on interim tax return	14				Deduction of NOL or casualty loss, etc. for current year	30	
Balance - final corporation tax due on this return (13) - (14)	15				NOL and casualty loss, etc. to be carried forward	31	
Calculation of local corporation tax amount								
Calculation of tax base	Corporation tax	Corp. tax on income	32		Tax refund by filing this return (41)-(40)		43	
		Corp. tax on retained earnings	33					
	Tax base (32)+(33)		34			Corp. tax on income (68)	44	
Local corporation tax (58)			35		If this tax return is an amended return. Before this return	Corp. tax on retained earnings (69)	45	
Local corp. tax on retained earnings (59)			36			Tax base (70)	46	
(35)+(36)			37			Local corporation tax payable by filing this tax return (74)	47	
Foreign tax credit			38		Dividends (distribution of surplus) excluding interim dividends			
Deduction of local corporation tax resulting from correction of exaggerated tax return based on manipulation of account			39		Date of accounts settlement			
					Date of final distribution of residual property			
Net local corporation tax (37)-(38)-(39)			40		Name of bank or post office where refund of tax shall be made			
Local corporation tax paid on interim tax return			41					
Balance - final local corporation tax due on this return (40)-(41)			42					

233

資料5

Schedule Form 1 (1)- continued （別表1 （次葉））

Calculation of corporation tax amount					
Small or medium sized corporation	(1) or JPY8,000,000 x 12/12,	48		15% of (48)	52	
	Amount in excess of JPY8,000,000 (1)-(48)	49		23.4% of (49)	53	
	Total taxable income (48)+(49)	50		Total corporation tax (52) + (53)	54	
Other corporation	Total taxable income (1)	51		Corporation tax amount (Amount equivalent to23.4% of (33))	55	

Calculation of local corporation tax amount					
Corporation tax on income	56		4.4% of (56)	58	
Corporation tax on retained earnings	57		4.4% of (57)	59	

If this tax return is an amended tax return							
Calculation of corporation tax amount	Before this tax return	Taxable income or loss	60		Calculation of local Corporation tax amount	Before this tax return	Corporation tax on income	68	
		Taxable capital gains on land	61				Corporation tax on retained earnings	69	
		Taxable retained earnings	62				Corporation tax as tax base (68)+(69)	70	
		Corporation tax paid	63				Local corporation income tax paid	71	
		Tax refunded	64				Local corporation income tax refunded	72	
	Corporation tax payable or decrease in claim for refund of tax by filing this return (15)-(63), (15)+(64) or (64)-(27)	65				Refund of tax due to carryback of taxable losses	73	
	Before this return	Deduction of loss/casualty loss carried over	66			Local Corporation tax payable by filing this tax return ((42)-(71)),((42)+(72)+(73))or((72)-(43))+((73)-(43))	74	
		Loss/casualty loss, etc. to be carried forward	67					

234

資料5

Schedule Form 4 （別表 4 ）

Computation of taxable income			Accounting period		From To	Name of Corporation	
Remarks					Total amount	Distribution	
						Amount retained	Amount paid out
					①	②	③
Profit or loss for current accounting period				1			Dividends
							Other
Addition to income	Corporation tax paid and charged to expenses			2			
	Prefectural and local inhabitant taxes paid and charged to expenses			3			
	Provision for taxes on income charged to expenses			4			
	Non-deductible interest taxes and penalties			5			Other
	Excess depreciation of fixed assets			6			
	Directors' salary, disallowable			7			Other
	Entertainment expenses disallowed for tax purposes			8			Other
	Sub-total			11			
Deduction from income	Excess depreciation of fixed assets for previous period, now allowable			12			
	Enterprise tax paid			13			
	Dividends received excludable from taxable income			14			*
	Foreign dividends received, not taxable			15			*
	Gift income received but excluded from taxable income			16			*
	Non-includible income from qualified dividends			17			*
	Refund of interim or overpaid corporation tax, etc.			18			
	Refund of income tax and corporation tax from carryback of losses			19			*
	Sub-total			21			*
Provisional balance (1)+(11)-(21)				22			*
Non-deductible interest expense paid to related party (25) or (30) of Form 17(2-2)				23			Other
Excess interest expense deductible for this year (10) of Form 17(2-3)				24			*
(22)+(23)+(24)				25			*
Donation expense non-deductible (24) or (40) of Form 14(2)				26			Other
Income tax deductible from corporation tax (6-3)of Form 6(1)				29			Other
Sum of a foreign corporation tax subject to tax credit (7) of Form 6(2-2)				30			Other
Total (25)+(26)+(29)+(30)				33			*
Dividends received to be included in taxable income				34			
Refund of tax due to casualty loss carry back on interim tax return				36			*
Capital gain/loss form non-qualified merger or distribution of residual assets				37			*
Net balance (33)+(34)+(36)+(37)				38			*
Deduction of NOL and casualty loss for the period ((2) - total of Schedule Form 7)				39			*
Taxable income or loss				48			*

使用頻度が低いため省略

235

Schedule Form 5 (1)（別表5⑴）

Computation of tax retained earnings and tax capital	Accounting period	From To	Name of Corporation	

1. Computation of retained earnings for tax purposes

Remarks		Retained earnings at beginning of the period	Increase or decrease during the period		Retained earnings at end of the period
			Decrease	Increase	① - ② + ③
		①	②	③	④
Legal reserve	1				
	2				
	3				
	4				
	5				
	6				
	7				
	8				
	9				
	10				
	11				
	12				
	13				
	14				
	15				
	16				
	17				
	18				
	19				
Unappropriated earnings or deficit	26				
Provision for taxes on income	27				
Outstanding corporation tax, etc.	Outstanding corporation tax	28			Interim Final
	Outstanding prefectural inhabitant tax	29			Interim Final
	Outstanding municipal inhabitant tax	30			Interim Final
Total	31				

2. Computation of capital + capital surplus for tax purpose (Tax Capital)

Remarks		Tax Capital at beginning of the period	Increase or decrease during the period		Tax Capital at end of the period
			Decrease	Increase	① - ② + ③
		①	②	③	④
Paid in capital or contribution	32				
Additional paid-in capital	33				
	34				
	35				
Total	36				

Schedule Form 7(1)　（別表 7 ⑴）

資料 5

Statement of NOL and casualty loss		Accounting period			Name of Corporation		
Income before offsetting loss	1			Limit of loss deduction (1) × (50,55,60 or 100) / 100		2	
Business year	Classification			Beginning balance of loss	Deduction		Loss balance carried forward
				3	4		5
	NOL (blue form tax return) /deemed NOL of consolidated tax filing/ casualty loss						
	NOL (blue form tax return) /deemed NOL of consolidated tax filing/ casualty loss						
	NOL (blue form tax return) /deemed NOL of consolidated tax filing/ casualty loss						
	NOL (blue form tax return) /deemed NOL of consolidated tax filing/ casualty loss						
	NOL (blue form tax return) /deemed NOL of consolidated tax filing/ casualty loss						
	NOL (blue form tax return) /deemed NOL of consolidated tax filing/ casualty loss						
	NOL (blue form tax return) /deemed NOL of consolidated tax filing/ casualty loss						
	NOL (blue form tax return) /deemed NOL of consolidated tax filing/ casualty loss						
	NOL (blue form tax return) /deemed NOL of consolidated tax filing/ casualty loss						
	TOTAL						
Current year	Loss for this year (48-1) of Form 4				Loss carry back		
	out of the above	Casualty loss					
		NOL (blue form tax return)					
	TOTAL						

Calculation of casualty loss

Type of disaster					Date disaster ended	
Deficit for the current period (48-1) of Form 4			6	Inventories	Fixes assets	Total ①+②
Casualty loss	Loss caused by destruction of assets		7	①	②	③
	Expenses for restoring assets to its original condition		8			
	Expenses for preventing the expansion of damage		9			
	Total (7)+(8)+(9)		10			
Insurance or compensation received			11			
Amount of loss caused by casualty (10)-(11)			12			
Amount of casualty loss subject to refund of income tax or loss carryback			13			
Amount of casualty loss carryback in the interim tax return			14			
Casualty loss subject to loss carryback Smaller of 6③ or (12③-14③)			15			
Loss subject to deduction/carry forward Smaller of 6③ or (12③-14③)			16			

237

Schedule Form 17 (4) （別表17⑷）

Statement Regarding Foreign Related Party			Accounting period			Name of Corporation	

Name of the foreign affiliates, etc.	Name of corporation				
	Location of head office or principal office				
	Principal business				
	Number of employees				
	Principal business				
	Special relationship classification*				
	Percentage of ownership of interest	Holding	(Incl.　　%)　　%	(Incl.　　%)　　%	(Incl.　　%)　　%
		Being held	(Incl.　　%)　　%	(Incl.　　%)　　%	(Incl.　　%)　　%
		Single person's ownership of shares in foreign affiliates	(Incl.　　%)　　%	(Incl.　　%)　　%	(Incl.　　%)　　%
	Financial results for the latest period, etc.	Accounting period	From / To	From / To	From / To
		Operating revenue or sales	(　　million yen)	(　　million yen)	(　　million yen)
		Operating cost — Cost of goods sold	(　　million yen)	(　　million yen)	(　　million yen)
		Operating cost — Selling, general and administrative cost	(　　million yen)	(　　million yen)	(　　million yen)
		Operating income	(　　million yen)	(　　million yen)	(　　million yen)
		Net income, pre-tax	(　　million yen)	(　　million yen)	(　　million yen)
		Retained earnings	(　　million yen)	(　　million yen)	(　　million yen)
Transactions with foreign affiliates, etc.	Consideration for purchase / sale of inventory of inventory	Received	million yen	million yen	million yen
		Paid			
		Transfer Pricing method			
	Consideration for provision of services	Received	million yen	million yen	million yen
		Paid			
		Transfer Pricing method			
	Consideration for use of tangible assets	Received	million yen	million yen	million yen
		Paid			
		Transfer Pricing method			
	Consideration for use of intangible assets	Received	million yen	million yen	million yen
		Paid			
		Transfer Pricing method			
	Interest on loans	Received	million yen	million yen	million yen
		Paid			
		Transfer Pricing method			
		Received	million yen	million yen	million yen
		Paid			
		Transfer Pricing method			
		Received	million yen	million yen	million yen
		Paid			
		Transfer Pricing method			
Advance Pricing Agreement			Yes / No	Yes / No	Yes / No

Law 0301-1704

資料6　消費税申告書英訳例

①消費税申告書〈Consumption and Local Consumption Tax Return Form (General Form)〉

/ /				Director of Tax Office
Place of JCT payment		Phone no. ( )		
Name/Trade name				
Company Number				
Name (of representative)				

From　　　/　　/
To　　　　/　　/　　　(FINAL) Return Form for National JCT and Local JCT for the Tax Year

Calculation of the amount of national JCT for this return form					Supplemental items	Application of the installment basis			Y		N
Tax base		1		000		Application of the deferred payment basis, etc.			Y		N
National JCT		2				Application of the percentage of completion method			Y		N
Tax adjustment for excess input JCT credit		3				Application of the cash basis accounting			Y		N
National JCT credit	Input JCT	4			Reference items	Application of the special exceptions to calculation of JCT on the tax base			Y		N
	JCT relating to sales refunds, etc.	5				JCT credit calculation method	Taxable sales amount exceeding JPY 500m or taxable sales ratio less than 95%		Itemized method		
									Proportional method		
	JCT relating to bad debt	6					Other than above		Fully creditable		
	Subtotal of JCT credit (no.4 + no.5 + no.6)	7									
Non-creditable national JCT to be refunded (no.7 − no.2 − no.3)		8				Form for Specified Taxable Purchase	JCT taxable sales during the base period			K Yen	
Balance (no.2 + no.3 − no. 7)		9		00	Breakdown of no.1 and no.2	Tax base		National JCT			
Interim national JCT payments		10		00		3%		K Yen		Yen	
Amount of national JCT payable (no.9 − no.10)		11		00		4%		K Yen		Yen	
Refundable interim national JCT payments (no.10 − no.9)		12		00		6.3%		K Yen		Yen	
If this is an amended return	Previously fixed amount of national JCT	13									
	Balance of national JCT payable	14		00	Breakdown of no.1 and no. 2	National JCT as tax base for local JCT					
Taxable sales ratio	Amount of taxable assets transferred, etc.	15				4%				Yen	
	Amount of assets transferred, etc.	16				6.3%				Yen	
Calculation of the amount of local JCT for this return form											
National JCT as tax base for local JCT	Non-creditable national JCT to be refunded no.8)	17			JCT refund account information	Bank Credit union Co-operative			Head office Branch office Sub-office		
	Balance (no.9)	18									
Transferable portion	Amount of local JCT refundable (no.17 x 25%)	19				Deposit		Account No.			
	Amount of local JCT payable (no. 18 x 25%)	20		00		Account code and number Japan Post Bank		—			
Interim local JCT payments		21		00		Name of post office, etc.					
Amount of local JCT payable (no.20 − no.21)		22		00		*For Tax office use only					
Refundable interim local JCT payments (no.21 − no.20)		23		00		Certified Tax Accountant signature and seal	Phone no. ( )		[Seal]		
If this is an amended return	Previously fixed amount of transferable local JCT	24									
	Balance of transferable local JCT payable	25				Check whether documents under *Certified Tax Accountant Law*, Art. 30 are submitted					
Total national JCT and local JCT (payable or refundable)		26				Check whether documents under *Certified Tax Accountant Law*, Art. 33-2 are submitted					

239

②付表2 （Appendix Table 2 Calculation of Input JCT Credit, etc. (General Form)）

| | Tax year | / / ~ / / | Name/Trade name | |

Item				Amount
	JCT Taxable sales (JCT excluded)		1	
	0% JCT taxable sales		2	
	Amount of non-taxable assets for export, value of assets transferred to offices abroad		3	
	Amount of taxable assets transferred, etc. (no.1 + no.2 + no.3)		4	
	Value of assets transferred, etc. (no.4)		5	
	Non-taxable sales		6	
	Amount of assets transferred, etc. (no.5 + no.6)		7	
Taxable sales ratio (no.4 / no.7)				
	Amount of JCT taxable purchases (JCT included)		8	
	Amount of input JCT (no.8 x 6.3 / 108)		9	
	Amount of specified JCT taxable purchases		10	
	Amount of input JCT (no.10 x 6.3 / 108)		11	
	Amount of import JCT levied on removal of taxable foreign goods		12	
	Amount of JCT adjustment when becoming JCT exempt or JCT taxpayer		13	
Total amount of input JCT, etc. (no.9 + no.11 + no.12 ±no.13)			14	
If the taxable sales ratio is 95% or higher and amount of taxable sales is JPY 500 million or less (no.12)			15	
If the amount of taxable sales exceeds JPY 500M or the taxable sales ratio is less than 95%	Itemized method	Portion of no. 14 attributable to JCT taxable sales only	16	
		Portion of no. 14 attributable in common to JCT taxable and non-taxable sales	17	
		Amount of input JCT credit based on the itemized method (no.16 + no.17 x no.4 / no.7)	18	
	Amount of input JCT based on the proportional method (no.14 x no.4 / no.7)		17	
JCT credit adjustment	Amount of input JCT credit adjustment relating to fixed assets subject to adjustments when taxable sales ratio fluctuates significantly		18	
	Amount of input JCT credit adjustment when fixed assets subject to adjustment are converted		19	
Balance	Input JCT credit [If amount of (no. 15, no. 18 or no. 19) ±no. 20 ±no. 21 is positive]		20	
	Tax adjustment for excess input JCT credit [If amount of (no. 15, no. 18 or no. 19) ±no. 20 ±no. 21 is negative]		21	
Amount of JCT relating to recovery of written-off receivables			22	

240

資料6

③消費税の還付申告に関する明細書

〈Statement for Japanese Consumption Tax Refund (for company)〉

Taxable period	・　・ － ・　・	Address	
		Name	

1. Main reason for JCT refund claim (Mark a circle in the applicable field.)

	High percentage of zero-rated transactions (e.g., exports)	Other
	Capital investment (e.g., purchase of expensive fixed assets)	

2. Details of taxable sales, etc.

(1) Transfer, etc., of key taxable assets
(Enter the details of the ten largest transactions of JPY 1 million or more.)　　(Unit: K in JPY)

Type, etc., of assets	Date of transfer MM/DD/YY	Transaction price, etc. (Tax inclusive or exclusive)	Name of transferee	Address of transferee
	・　・			
	・　・			
	・　・			
	・　・			
	・　・			

*For transferees to whom the company regularly transfers taxable assets, enter the total amount of the relevant transaction prices for the current taxable period.
In this case, enter "Regular" in the column "Date of transfer." For export transactions, enter details in (2) below.

(2) Details of key export transactions, etc.
(Enter the details of the ten langest importers based on the total amount of export transactions.)　　(In thousand JPY)

Name of importer	Addrres of importer	Transaction price	Main exported product, etc.	Competent customs office

Primary Financial institution for import/ export	Bank Credit union (kinko) / Credit cooperative (kumiai) Agricultural cooperative (noukyou) / Fisheries cooperative (gyokyou)		Headqurters / Branch	
	Account type:	Account No.		
Primary customs broker	Name			
	Address			

241

資料
7

資料7　所得税確定申告書の英訳例

① 確定申告書B 第一表 Schedule 1　　（注）別表上の記号（ア，1，等），日本語等は比較しやすいよう残している。

To the director of _____ tax office
| Year | Month | Date |

Final tax return for _____ (year) Income tax and special income tax for reconstruction Form B

Address [Residence]	Post code　—			My Number			
				Name			印
				Sex　M　F	Occupation	Business name	Name of head of household	Relationship to head of household
Address as of January 1,_____				Date of birth: Era　Year　Month　Date		Telephone number	Home　Office　Mobile

		ID	If you don't need to send this form next year

		(in yen)		
Earnings	Business	Sales etc.	ア	
		Agriculture	イ	
	Real estate		ウ	
	Interest		エ	
	Dividends		オ	
	Employment		カ	
	Misc.	Public pensions	キ	
		Other	ク	
	Capital gains subject to aggregate taxation	Short-term	ケ	
		Long-term	コ	
	Occasional		サ	
Income	Business	Sales etc.	1	
		Agriculture	2	
	Real estate		3	
	Interest		4	
	Dividends		5	
	Employment		6	
	Misc.		7	
	Capital gains subject to aggregate taxation + Occasional income　ケ＋{(コ＋サ)×1/2}		8	
	Total		9	
Deductions from income	Casualty losses		10	
	Medical expenses		11	
	Social Insurance premiums		12	
	Small business mutual aid premiums		13	
	Life insurance premiums		14	
	Earthquake insurance premiums		15	
	Donations		16	
	Widows or widowers		18	
	Working students		19～20	
	Spouse/Special Spouse　区分		21～22	
	Dependents		23	
	Basic		24	
	Total		25	

	Calculation of tax			
	Taxable income (9−25)　　or page 3		26	
	Income tax on (26) or (86) of page 3		27	
	Credit for dividends		28	
		classification	29	
	Housing loan credit　classification		30	
	Credit for donations		31～33	
	Other special deductions		35～37	
	Balance of taxable amount (27−28−29−30−31−32−33−35−36−37)		38	
	tax reduction/exemption for natural disaster		39	
	Rebalance of taxable amount (38−39)		40	
	Total special income tax for reconstruction (40×2.1%)		41	
	Income tax and special income tax (40+41)		42	
	Credit for foreign taxes　区分		43	
	Withholding tax		44	
	Balance of income tax and special income tax for reconstruction (42−43−44)		45	
	Estimated income tax and special income tax for reconstruction (1st+2nd installment)		46	
	3rd installment income tax and special income tax for reconstruction (45−46)	Payable	47	
		Refundable	48	

	Others			
			49	
	Total income tax of spouse		49	
	Family employee's salary		50	
	Deduction for blue form tax return		51	
	Withholding tax on misc. and occasional income		52	
	Unpaid withholding tax		53	
	Loss carried forward to deduct from this year's income		54	
	Amount eligible for average taxation		55	
	Fluctuating income and temporary income　区分		56	
	postponed amount Tax to be paid by return filing due date		57	
	Postponed amount notified		58	

	Where to receive your refund		
	Bank name	Branch name	
	Name of post office	Type of account	
	A/C　　number		

Name of Certified Public Tax Accountant
Signature　　　　　　　　　　　　　　Seal
Tel　　—　　　　—

The documents under Article 30 of Certified Public Tax Accountant Law	The documents under Article 33 of Certified Public Tax Accountant Law

納管　事業　住民　資産　総合　分離　検算　通信日付　年月日　‥　一連番号

整理欄	区分							
	異動		年		月		日	
	管理						名簿	
	補完					確認		

資料7

②申告書B 第二表

Final tax return for _____ (year) Income tax and
special income tax for reconstruction Form B Schedule 2

整理番号	0	0	0	0	0	0	0	0		FA0076

Address

Business name _____

Name _____

○Income and withholding tax

Type of income	Description	Earnings	Withholding tax
		yen	yen
		44 Total withholding tax	円

○Miscellaneous income other than public pension, capital gains and dividends subject to aggregate taxation, occasional income

Type of income	Description	Earnings	Expenses	Net (Income)
		yen	yen	yen

○The provision for application of special exemptions

○Deductions

⑩ Casualty losses	Cause of casualty	Date of casualty · ·	Type of assets damaged
	Amount of loss ___ yen	Amount reimbursed by insurance ___ yen	Amount of expenses related to disaster ___ yen
⑪ Medical expenses	Medical expenses paid ___ 円	Amount reimbursed by insurance ___ 円	
⑫ Social insurance premiums	Type of social insurance	Premiums paid ___ 円	⑬ Small business mutual aid premiums: Kinds of premium — Premiums paid ___ 円
	TOTAL		TOTAL
⑭ Life insurance	New life insurance premiums ___ 円		Old life insurance premiums ___ 円
	New personal pension insurance premiums		Old personal pension insurance premiums
	Medical care insurance premium		
⑮ Earthquake insurance	Premium paid ___ 円		Old long-term casualty insurance premium ___ 円
⑯ Donations	The name and address of donor		Amount of donation ___ 円
⑱~⑲ Exemptions	☐ Widow or Widower ☐ Spouse dead ☐ Spouse dead or alive unclear ☐ Divorced ☐ Missing in action		☐ Student Name of school ( )
⑳ Disabled	Name		
㉑~㉒ Special exemption for spouse	Name of spouse	Date of birth	☐ Exemption for spouse ☐ Special exemption for spouse
	"My Number"		
㉓ Exemption for dependent	Name of dependent	Relationship	Date of birth — Amount of exemption 0,000yen
	"My Number"		
			0,000yen
	"My Number"		
			0,000yen
	"My Number"		
		㉓Total	

○Family employees

Name	My Number	Relationship	Date of birth	Occupation	Salary
			· ·		yen
			· ·		
				50 Total salary of family employees	

○Inhabitant and enterprise taxes

Inhabitant tax	Dependents under the age of 16 years	Name of dependent	"My Number"	Relationship	Date of birth	Address (if not residing with you)	Credit for donation
					· ·		Prefecture, municipal
					· ·		Red cross etc.
							Other: Municipal
							Prefecture

Inhabitant tax					
Special provisions for computing dividend income	円	Special treatment for non-residents	円	Means of payment of inhabitant tax on income other than employment income and miscellaneous income from public pensions, etc. of salary income earners	Deduction from wages
Deduction of allocated dividend amount		Deductions for income received from transfer of stocks			Self payment

Enterprise taxes						
Tax exempt income	NO	Amount ___ yen	Income from real estate prior to aggregating profit and loss	円	Establishment or closure of business	Date
Exemptions for the blue form tax return subtracted from real estate income			Loss from sale of business assets		Offices in other prefectures	

Spouse, dependent, employees not residing with you	Name	Address	Family employees treated as qualified spouse for income tax purposes	Name	Salary	一連番号

資料7

③申告書 第三表

Final tax return for _____ (year) Income tax and special income tax for reconstruction Schedule 3

ID		No.	

This form is for those who have income taxed separately, forest income, retirement income.

Article applied for special treatment			
Name of applicable law	Article _____	Paragraph	Sub-paragraph

Address

Business name _____

...

(in yen)

Earnings	Separate taxation	Short-term	Ordinal	シ	
			Reduced	ス	
		Long-term	Ordinal	セ	
			Qualified	ソ	
			Reduced	タ	
		Sales of ordinal stock		チ	
		Sales of listed stock		ツ	
		Dividends from listed stock		テ	
		Futures transaction		ト	
		Forest		ナ	
		Retirement		ニ	

Income	分離課税	Short-term	Ordinal	59	
			Reduced	60	
		Long-term	Ordinal	61	
			Qualified	62	
			Reduced	63	
		Sales of ordinal stock		64	
		Sales of listed stock		65	
		Dividends from listed stock		66	
		Futures transactions		67	
		Forest		68	
		Retirement		69	

Calculation of tax		Total income for aggregate taxation Form B , 9 of page 1	9	
		Deductions Form B , 25 of page1	25	
	Taxable income	Corresponding to 9	70	
		Corresponding to 59,60	71	
		Corresponding to 61,62,63	72	
		Corresponding to 64,65	73	
		Corresponding to 66	74	
		Corresponding to 67	75	
		Corresponding to 68	76	
		Corresponding to 69	77	

Calculation of tax	Amount of tax	Corresponding to 70	78	
		Corresponding to 71	79	
		Corresponding to 72	80	
		Corresponding to 73	81	
		Corresponding to 74	82	
		Corresponding to 75	83	
		Corresponding to 76	84	
		Corresponding to 77	85	
		Sum of 78 through 85 (Transfer to 27 of page 1, Form B)	86	

Other	Stocks	Loss carried forward and offset against 64 and 65 of current year	87	
		Loss carried forward to next year	88	
	Dividend	Loss carried forward and offset against 66 of current year	89	
	Futures	Loss carried forward and offset against 67 of current year	90	
		Loss carried forward to next year	91	

○ Details of income subject to separate taxation (short-term and long-term)

Type	Description	Cost	Net income Earnings (-Expense	Special deduction
			yen	yen	yen
		Total		

○ Details of income subject to separate taxation

Description	Earnings	Interest on dividend income	Net
		yen	yen

○ Retirement income

Description	Earnings	Deduction for retirement income
	yen	yen

AD	BE	CF			

整理欄		申告等年月日			
		通算			
取得期限				特例期間	
資産		入力			

資料
8

資料8　所得税確定申告の基本情報収集フォームの例

1 Individual Income Tax Return Questionnaire（確定申告に関する質問票）

Ⅰ．General Information（一般情報）

1．Taxpayer's information（納税者の情報）

First（名）　　　　　　　　　Last（姓）		□Male（男） □Female（女）
Name（氏名）		
Date of birth（生年月日）		
Home address in Japan （住所）		
Telephone Number （電話番号）	□Home（自宅）　□Office（会社）　□Mobile（携帯）	
Address as of Jan.1, 20XX （20XX年1月1日における 住所）		
Occupation（職業）		
Name of head of household （世帯主）		
Relationship to head of household（世帯主との関係）	□Myself（本人）　□Spouse（配偶者） □Other（その他）	
My Number（個人番号）		
Date of original entry （入国日）		
Tax filing status last year （昨年の居住区分）	□Permanent（永住者）　□ Non-permanent（非永住者） □Non-resident（非居住者）	
Name of employer （勤務先の名称）		
Your position（役職）	□Director（役員）　□Employee（従業員）	

NOTE: With regard to My Number, please send us the copy of following (i) or (ii)
（（注）個人番号に関して，以下の(i)(ii)いずれかのコピーをご提供ください）
(i) Both sides of My Number card（(i)マイナンバーカード（両面））

or

(ii) Notification of My Number（(ii)マイナンバー通知書及びパスポート）

245

2．Spouse & dependents information（配偶者 & 被扶養者の情報）

Name （氏名）	Date of birth （生年月日）	Gender （性別）	Relation ship （関係）	Living with you （同居の有無）	Income during 20XX（20XX年 の所得）
Spouse（配偶者）					
		□M □F	—	□Yes □No	□Yes □No
Dependent（被扶養者）					
		□M □F		□Yes □No	□Yes □No
		□M □F		□Yes □No	□Yes □No

※If your dependent family member is not resident in Japan we may request further information.（※もしあなたの被扶養者が日本居住者でない場合，追加的な資料をお願いすることがあります）

3．Prior year tax return（去年の申告書）

Was your prior year tax return prepared by another tax agent or yourself?（去年は，他の税理士事務所あるいはあなた自身で申告書を作成，提出しましたか？）

□Yes → Please provide a complete copy of your prior year tax return（去年の確定申告書のコピーをご提出ください）

□No

Ⅱ．Income（所得）

1．Salary（給与）

Where was your salary paid?（あなたの給与は日本国内・国外のいずれで支払われていますか？）

□Paid in Japan（日本で支払い）→Please attach withholding tax slips (Gensen-chosshu-hyo)（源泉徴収票をご添付ください）

□Paid outside Japan（海外で支払い）→Please attach payment details（支払い明細を添付してください）

□Paid in Japan and outside Japan（日本・海外双方で支払い）→Please attach withholding tax slips AND payment details.（源泉徴収票を添付するとともに支払明細を添付してください）

Did you receive any fringe benefits from your employer?（雇用者から経済的利益を受けましたか?）

□Yes→Please provide details（内容をお知らせください）

□No

資料
8

Did you spend any time overseas during 20XX?（20XX年において海外に渡航されましたか?）

☐Yes ☐No

If you answered Yes, please complete the below（「はい」の場合，下記をご記入ください）

〈Days spent outside Japan（海外滞在日数）〉

Date from（出発日）	Date to（帰国日）	Number of days（合計）	Number of days outside of Japan for each of the below categories（目的ごとの渡航期間）			Country visited（渡航先）
			Business（ビジネス）	Vacation（休暇）	Home leave（里帰り）	

２．Interest income（利子）

Did you receive interest income other than from financial institutions in Japan during 20XX?（20XX年中，日本国内の金融機関以外から利子の支払いを受けましたか）

☐Yes ☐No

If you answered Yes, please complete the attached worksheet (Schedule 1).（もし「はい」の場合，添付のワークシート（Schedule 1）にご記入ください）

３．Dividend income（配当）

Did you receive any dividends during 20XX?（20XX年中に配当を受け取りましたか?）

☐ Yes ☐No

If you answered Yes, please provide the attached:（受け取った場合，次の資料を添付してください）

- Annual statement of brokerage account (If any)（証券口座の年間取引報告書（あれば））
- Attached schedule 2 Details of Dividends Received（第２表 受取配当明細）

４．Rental income（不動産所得）

Did you receive any rental income?（不動産所得はありますか？）

☐Yes ☐No

If you answered Yes, please complete the attached Schedule 3 Information on Rental Property.（「はい」の場合，添付の表３「貸付不動産の情報」を記入してください）

247

5．Capital gains/losses（譲渡所得（損失））

Did you sell any investments such as property or shares?（不動産あるいは株式の譲渡を行いましたか?）

☐Yes　☐No

If you answered Yes, please include further details including the purchase and sale dates, purchase cost and sale proceeds.（「はい」の場合，その詳細（購入価額，譲渡日，取得日，譲渡収入金額など）をお知らせください）

6．Other income（そのほかの所得）

Did you receive any other income?（上記以外に何か所得はありますか？）

☐Yes　☐No

If you answered Yes, please attach a brief description and the amount received.（「はい」の場合，その内容を簡単に説明の上，金額をお知らせください）

Ⅲ．Income deductions（諸控除）

If you paid any of the below expenses during 20XX, please attach relevant documents such as receipts or certificates. In addition, please complete Schedule 4. Details of medical expenses.（20XX年中に以下の支払いを行った場合，その関係書類（領収書は証明書）を添付してください。(i)については，表4「医療費控除の明細」も添付してください）

(i)　Medical expenses exceeding JPY 100,000（10万円超の医療費）

(ii)　Insurance premiums（生命保険料）

(iii) Casualty loss（雑損失）

(iv) Contributions/donations（寄附金）

(v)　Social insurance premiums paid（社会保険料）

Ⅳ．Tax credits / Estimated tax（税額控除）

Did you pay foreign taxes or did you have foreign taxes withheld during 20XX?（20XX年中に外国税額を支払い又は源泉徴収されましたか？）

☐Yes　☐No

If you answered Yes, please provide a copy of the following:（「はい」の場合，以下をご提供ください）

・Withholding tax statement（源泉徴収の計算書）

・Income tax return（確定申告書）

・Payment slip（納付した小切手のコピー）

Did you make any tax qualified donations during 20XX?（200xx中において控除の対象となる寄附金の支払いを行いましたか？）

☐Yes　☐No

If you answered Yes, please send us the donation certificate(s).（「はい」の場合，寄附金の控除証明書を送付してください）

資料8

V. Estimated tax（予定納付）

Did you pay estimated income tax for 20XX?（20XX年の予定納付は行いましたか come tax for 20XX?）

☐Yes ☐No

If you answered Yes, please complete the following:（「はい」の場合，下記をご記入ください）

Estimate income tax paid（予定納税額）

	First installment（第1回） (July 31, 20XX)	Second installment（第2回） (November 30.20XX)
Income tax（所得税）		
Special income tax for reconstruction （復興特別所得税）		
Total（合計）		

VI. Refunds/Payments（還付 / 納付）

1. Refund Information（還付情報）:

If you are entitled to a refund, if so how would you like to be paid?（もし還付を受けられる場合，どのような形で受け取ることを希望しますか？）

☐Bank account（預貯金口座への振込）

Bank and Branch（金融機関名）	
Type of Account（預金の種類）	
Account number（口座番号）	
Name of A/C holder（口座名義）	

☐At post office (over-the-counter), if so please specify post office:＿＿＿＿＿＿＿＿＿＿＿
　（郵便局窓口受け取り（指定する郵便局名＿＿＿＿＿＿＿＿＿＿＿＿＿＿＿＿＿）)

2. Payment information（納付情報）

Would you like to use electronic funds transfer?（振替納税を希望しますか？）

☐Yes ☐No

If you answered Yes, please provide the following information:（「はい」の場合以下の情報をご記入ください）

Bank and Branch name（金融機関名）	
Type of Account（預金の種類）	
Account number（口座番号）	
Name of A/C holder（口座名義）	

2 各種所得の明細

Schedule1. Interest received（表１：受取利息）

Joint Account?（ジョイントアカウントに該当？）	Date of receipt（収受日）	Name of payer（支払者）	Currency（通貨）	Paid outside Japan （海外払い）		
				Gross amount（総収入）	Tax withheld at source（源泉税）	Net received（手取り）
☐Yes ☐No			☐JPY ☐USD ☐EUR ☐Other（　）			
☐Yes ☐No			☐JPY ☐USD ☐EUR ☐Other（　）			
☐Yes ☐No			☐JPY ☐USD ☐EUR ☐Other（　）			
☐Yes ☐No			☐JPY ☐USD ☐EUR ☐Other（　）			

Schedule2. Dividends received（表２：受取配当明細）

Date of receipt（収入した日）	Name of company（会社名）	Domestic or foreign company（内国法人／外国法人）	Currency（通貨）	Paid in Japan （国内払い）			Paid outside Japan （海外払い）		
				Gross amount（総収入）	Tax withheld at source（源泉税）	Net received（手取り）	Gross amount（総収入）	Tax withheld at source（源泉税）	Net received（手取り）
		☐Domestic ☐Foreign	☐JPY ☐USD ☐EUR ☐Other（　）						
		☐Domestic ☐Foreign	☐JPY ☐USD ☐EUR ☐Other（　）						
		☐Domestic ☐Foreign	☐JPY ☐USD ☐EUR ☐Other（　）						
		☐Domestic ☐Foreign	☐JPY ☐USD ☐EUR ☐Other（　）						

資料8

Schedule 2-2. Sales of stock, and other investments（表２-２：株式等譲渡の明細）

	No 1	No 2	No 3
Type of investment	☐Stock（株式） ☐Bond（債券） ☐Other（その他）	☐Stock（株式） ☐Bond（債券） ☐Other（その他）	☐Stock（株式） ☐Bond（債券） ☐Other（その他）
Name of investment			
Listed or unlisted （上場非上場の区別）	☐Listed（上場） ☐Unlisted（非上場）	☐Listed（上場） ☐Unlisted（非上場）	☐Listed（上場） ☐Unlisted（非上場）
Date of sale （譲渡日）	／　／	／　／	／　／
Date of acquisition （取得日）	／　／	／　／	／　／
Revenue（収入）			
Sale price per unit (A)（単位当たり 譲渡価額（A））			
Number sold （売却数）(B)			
Gross proceeds （譲渡収入） (C)=(A)×(B)			
Cost（費用）			
Acquisition cost （取得価額）(＊)			
Brokerage fee （売却手数料）			
Other（その他）			
TOTAL COST （費用計）(D)			
NET（差し引き） (C)−(D)			

（＊）if you are not sure of the acquisition cost of investment, please contact us.（売却資
　　産の取得価額が不明な場合，ご一報ください）

Schedule 3. Rental Income（表３：貸付不動産の情報）

Location of rental property（不動産の所在地）	☐Japan（日本） ☐Overseas（海外）（　　　　） Address:
Type of property（不動産の種類）	☐Land（土地） ☐House/Apartment（建物） ☐Parking space（駐車場）
% of ownership（所有権割合）	☐100%　☐Other（　　　%）
Description of building（不動産の詳細）	
(a) Floor area (in square meters)（面積）	m²
(b) Structure（構造） (Please refer to notes underneath table) （：下記１〜５からお選びください）	☐1　☐2　☐3　☐4　☐5
(c) Date of acquisition（取得日）	／　　　／
(d) New or used when tenancy commenced（事業供用日において新築／中古）	☐New　☐Used
(e) If you checked "Used", please indicate the age of the building when tenancy commenced（上記で，「中古」をチェックした場合，事業供用日における経過年数）	（　　）Years and（　　）Months
Lease contract of rental property（不動産賃貸契約）	
(a) Lease period（賃貸契約期間）	／　　　／　　　〜　　　／　　　／
(b) Name and address of lessee（賃借人の住所氏名）	Name: Address:
(c) Monthly rental fee（月額賃貸料）	☐¥　☐$（　　　　　　　　）
(d) Rental fee received during 20XX（20XX年中に収受した賃貸料）	☐¥　☐$（　　　　　　　　）
(e) Key money and renewal fees received during 20XX（20XX年中に収受した礼金）	☐¥　☐$（　　　　　　　　）
(e) Balance of deposit（保証金・敷金の残高）	☐¥　☐$（　　　　　　　　）

Structure（構造）

1 Steel frame reinforced concrete buildings or reinforced concrete buildings（鉄骨鉄筋コンクリート造又は鉄筋コンクリート造のもの）

2 Brick, stone or block construction balance.（れんが造，石造又はブロック造のもの）

3 Metal construction（金属造のもの）

4 Wood or wood composite construction（木造又は合成樹脂造のもの）

5 Wood or frame mortar construction（木骨モルタル造のもの）

Expenses incurred during 20XX （20XX年中における費用）

Property taxes （租税公課）		Commission / agent fees （仲介手数料）	
Insurance （保険料）		Professional fees （支払手数料（税理士等））	
Repairs （修繕費）		Management fees（管理手数料）	
Cleaning & maintenance（清掃・維持費）		Other （その他）	
Interest （借入金利子）		Total （合計）	

Schedule4. Details of medical expenses （表4：医療費控除の明細）

20XX DEDUCTION FOR MEDICAL EXPENSES （20XX年医療費控除の明細）

NAME （氏名）_____

Date of payment（日付）	Name of person that received medical care（医療を受けた人）	Relationship（続柄） 1=self（私） 2=wife / husband（配偶者） 3=daughter / son（子） 4=other （その他））	Name of doctor, clinic, hospital or pharmacy（医療機関名）	Amount of medical expenses paid（支払った医療費）(A)	Amount covered by insurance（保険により補てんされる額）(B)	Net borne by me（差し引き金額）(C)=(A)−(B)
／ ／		□1, □2, □3, □4		□¥ □$	□¥ □$	□¥ □$
／ ／		□1, □2, □3, □4		□¥ □$	□¥ □$	□¥ □$
／ ／		□1, □2, □3, □4		□¥ □$	□¥ □$	□¥ □$
／ ／		□1, □2, □3, □4		□¥ □$	□¥ □$	□¥ □$
／ ／		□1, □2, □3, □4		□¥ □$	□¥ □$	□¥ □$
／ ／		□1, □2, □3, □4		□¥ □$	□¥ □$	□¥ □$
TOTAL （合計）				□¥ □$	□¥ □$	□¥ □$

資料9　日本の相続税の計算のしくみ

Calculation of Japanese inheritance tax

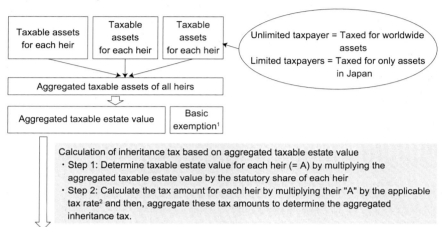

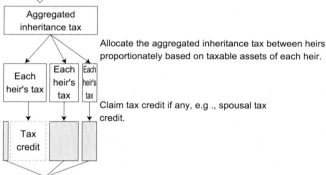

Tax liability for each heir

Note1: Basic exemption

JPY 30M + JPY 6M × Numbr of statutory heirs

Note2: Inheritance tax rate

Each legal share of taxable estate		Tax rate
Not more than JPY 10M		10%
Above JPY 10M	but not more than JPY 30M	15%
Above JPY 30M	but not more than JPY 50M	20%
Above JPY 50M	but not more than JPY 100M	30%
Above JPY 100M	but not more than JPY 200M	40%
Above JPY 200M	but not more than JPY 300M	45%
Above JPY 300M	but not more than JPY 600M	50%
Above JPY 600M		55%

日本の相続税の計算のしくみ

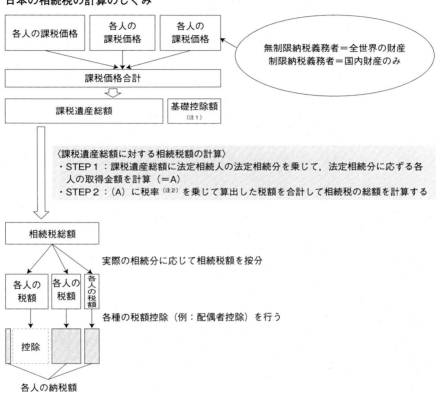

(注1) 基礎控除

30百万円＋6百万円×法定相続人数

(注2) 相続税率

各人の法定相続分		税率
10百万円以下		10%
10百万円超	30百万円以下	15%
30百万円超	50百万円以下	20%
50百万円超	100百万円以下	30%
100百万円超	200百万円以下	40%
200百万円超	300百万円以下	45%
300百万円超	600百万円以下	50%
600百万円超		55%

資料10　源泉徴収票の英語への変換例

Payment slip for withholding tax / withholding tax payment certificate

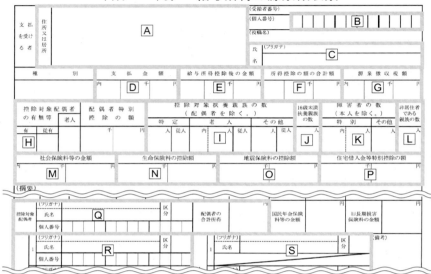

- A: Address
- B: My Number
- C: Name
- D: Total salary earned during the year
- E: Income after employment income deduction
- F: total deduction
- G: Withholding tax
- H: Exemption for spouse
- I: Exemption for dependents
- J: Number of dependents under 16 years old
- K: Causalities
- L: Non-resident dependent
- M: Social insurance contribution
- N: Life insurance premium
- O: Earthquake insurance premium
- P: Tax credit for residence loan
- Q: Name and My Number of spouse qualified for exemption for spouse and her/his income
- R: Name and My Number of dependent qualified for exemption for dependent
- S: Name of dependent under 16

単 語 集

数字

〜以下
〜 or less

〜以上
〜or more

〜円未満切捨
round down to the nearest 〜 yen

〜超
more than〜

〜未満
less than〜

あ

青色申告
blue-form tax return (filing status)

青色申告法人
company with blue-form tax return filing status

一時差異
temporary difference

一時所得
occasional income

移転価格算定方法
transfer pricing methods ("TPM")

移転価格事務運営要領
Japanese transfer pricing administrative guidelines

移転価格税制
transfer pricing taxation

移転価格調整金
transfer pricing adjustment

委任状
power of attorney

医療費控除
medical expenses deduction

印紙税
stamp duty

受取配当金
dividends received

受取利子
interest income

売上高営業利益率
operating margin

永久差異
permanent difference

永住者
permanent resident

益金・損金
gain and loss

役務提供契約書
service agreement

役務提供取引
service transaction

役務の提供
provision of services, supply of services

延滞税
delinquency tax
interest tax

親会社
parent company

か

外貨建債権債務の換算方法
conversion method of receivables and payables based on foreign currencies

会計処理
accounting method

会計と税務の差
book-tax difference, book to tax difference

外形標準課税
factor-based enterprise tax (FBET), size-based business tax

外国税額控除
foreign tax credit

外国法人
foreign corporation

解散・清算
dissolution・liquidation

257

会社法
Companies Act,
Company Law

確定申告書
income tax return,
tax return,
individual income tax return,
file a tax return,
final tax return,

確定納付
final payments

加算税
penalty tax

貸倒引当金
bad debt reserve

貸付金
loan

貸付金利子
interest on loan

貸し手
creditor, lender

過少資本税制
thin-cap rule
thin capitalization rule

過少申告加算税
penalty tax
additional tax on underpayment

課税売上
taxable sales

課税売上割合
taxable sales ratio

課税売上割合に準ずる割合
alternate taxable sales ratio

課税関係
tax implication

課税期間
taxable period

課税所得
（corporate）taxable income

課税所得に加算
add back to taxable income,
add to taxable income

課税取引
taxable transaction

課税標準
tax base

仮装隠ぺい
fraud or concealment

過大支払利子税制
（Japanese）earning stripping rule

合併
merger

合併契約書
merger agreement

合併法人
surviving entity（company），
merged corporation

過払い金額
overpaid amount

寡婦（寡夫）控除
exemption for widows or widowers

株式
share,
stock

株式移転
share-transfer

株式売渡請求
statutory call-option

株式交換
share-for-share exchange,
share exchange,
disposal of shares

株式譲渡
share transfer,
share sales

株式譲渡益
capital gains from sale of shares

株式譲渡契約書
stock purchase agreement, share transfer
agreement

株式併合
share consolidation

株主
shareholder

株主総会
shareholders' meeting

株主総会議事録
minutes of shareholders' meeting

単語集

株主名簿
　shareholder registry
株主割当増資
　rights issue, issuance of shares pro rata to
　shareholders
借入金
　loan, debt
借入金残高
　loan balance
仮受消費税
　output JCT
借り手
　debtor, borrower
仮払消費税
　input JCT
為替予約
　forward exchange contract
簡易課税
　simplified tax system
関係会社借入金
　intercompany loan
関係会社間利子
　intercompany interest
還付請求
　request for refund
官報公告
　public gazette
関連会社
　affiliated company
関連当事者取引
　related party transaction
機械
　machinery
議決権
　voting right
期限後申告
　late filing
期限内に
　in a timely manner
基準期間
　base period
議事録
　meeting minutes
基礎控除
　basic exemption

寄附金
　donation expense,
　donation
寄附金控除
　deduction for donations
期末
　the end of fiscal year
キャッシュアウト
　cash-out
究極の株主
　ultimate shareholder
給与
　salary, compensation
給与所得
　employment income
業績連動給与
　performance salaries
兄弟会社
　sister corporation
　brother corporation
居住者
　resident
居住者証明（書）
　certificate of (tax) residency
　residence certificate
居住用財産
　residential property
均等割
　per capita levy
　per-capita tax of inhabitant tax
金融商品取引法
　Financial Instruments and Exchange Act
国別報告事項
　country by country report ("CBCR")
繰り越す
　carry forward
繰延税金資産
　deferred tax assets, DTA
繰延税金負債
　deferred tax liabilities, DTL
グループ税制
　group taxation rule
グループ法人
　group companies

259

単語集

経営指導料
management fee

軽減税率
reduced tax rate,
reduced rate

経済的利益
economic benefit

決算
financial closing, book closing

決算書
financial statements

欠損金
net operating loss（NOL），
accumulated loss

欠損金が切り捨てられる
NOL is forfeited

欠損金控除限度額
NOL utilization limit

欠損金の繰り越し
loss carry-forward

欠損金の繰り戻し
NOL carry back

欠損金の使用制限
NOL limitation, restriction of utilization of NOL,
NOL restriction

原価基準法
cost plus（CP）method

減価償却（費）
depreciation（cost）

減価償却資産
depreciable assets

減資
reduction of capital,
capital decrease

検証対象会社
tested party

源泉税
withholding tax

源泉徴収票
withholding tax statement, withholding tax slip

現物給与
fringe benefit

現物出資
contribution-in-kind

現物分配
dividends in kind

原本
original copy

恒久的施設
permanent establishment（PE）

工具並びに器具及び備品
tools and instruments

交際費
entertainment expense

行使
exercise

控除する
deduct
credit

更正
correction

更正決定通知書
reassessment notification

更正の予知
expectation of correction

公的年金
public pension

購入する
purchase

超える
exceed

子会社
subsidiary

国外関連者
foreign related company（party）

国外支配株主
foreign controlling shareholder

国税
national tax

（東京）国税局
（Tokyo）Regional Taxation Bureau（TRTB）

国税庁
National Tax Agency（NTA）

国税当局
National tax authority

国税不服審判所
National Tax Tribunal

260

国籍
nationality
国内売上
domestic sales
国内源泉所得
Japan source income
固定資産
fixed asset
固定資産税
fixed asset tax
property tax

さ

再調査の請求
request for reinvestigation
財務諸表
financial statement
債務の株式化
debt-for-equity swap
債務免除
waiver of liabilities or loans,
cancellation of debt（COD）, debt
forgiveness, waiver of debt
債務免除益
cancellation of debt income, COD income
在留資格
visa status
雑所得
miscellaneous income
雑損控除
deduction for casualty losses
三角合併
triangular merger
残余財産
residual assets
残余財産の分配
distribution of residual assets
時価
FMV, fair market value
時価評価課税
mark-to-market taxation
事業所税
business office tax
事業所得
business income

事業税
enterprise tax,
business tax
事業年度
fiscal year,
taxable year
事業年度終了の日から2月以内
within 2 months of the end of the fiscal
year
時効
statute of limitations
自己株式
treasury stock
自己株式取得
share repurchase, share buyback
自己株式数を除く
excluding treasury stock
自己株式の買取
own stock buyback
資産
asset
事前確定届出給与
pre-notified directors' compensation
事前確認
unilateral APA
事前確認制度
advance pricing agreement（APA）
事前相談制度
pre-filing conference
市町村税
municipal tax
実効税率
effective tax rate
支配関係発生日
group formation date
支払保険料
insurance premiums
資本関係図
group organization chart,
organization ownership chart
資本金
paid-in capital,
registered capital,
stated capital

261

単語集

資本金等の額
   the sum of capital and capital surplus,
   capital plus capital surplus for tax purposes

資本準備金
   legal capital reserve

資本剰余金
   capital surplus

資本の払戻し
   return of capital

資本割
   capital levy (for Factor Based Enterprise tax),
   capital factor

自民党税制調査会
   LDP's Tax Commission (LDP=Liberal and Democratic Party)

社会保険
   social insurance

社会保険料控除
   deduction for social insurance premiums

市役所
   Municipal City Office

従業員
   employee

住所
   domicile, residence

修正申告書
   amended tax return

修繕費
   repairs and maintenance expense

住宅借入金等特別控除
   special credit for loans relating to a dwelling, tax credit for residential loans
   tax credit for residence loan

住民税
   inhabitant tax,
   local taxes

取得
   acquisition

受贈益
   gift income

出向先法人
   assignee company

出向者
   seconded employee (secondee)

出向する
   to be seconded

出向元法人
   assignor company

出国税
   exit tax

取得価額
   acquisition cost

種類株式
   class share

純支払賃借料
   net rent paid

純支払利子
   net interest paid

償却資産税
   depreciable asset tax

償却方法
   depreciation method

証券口座の年間取引報告書
   annual statement (of brokerage account),
   annual report of the account

上場株式
   listed shares

上場企業
   listed company

譲渡
   sales, disposal, disposition, transfer

譲渡所得 (譲渡益／損)
   capital gain/loss

消費税
   Japanese Consumption Tax (JCT)

消費税確定申告書
   JCT return

消費税差額
   JCT adjustment

消費税中間申告書
   interim JCT return

消費税法
   Consumption Tax (JCT) Law

条約濫用防止規定
   anti-avoidance rule

賞与
   bonus

剰余金
   surplus

賞与引当金
disallowed reserve for bonus

使用料
royalties

所轄税務署
relevant tax office

所得税
（individual）income tax

所得税額控除
income tax credit

所得税法
Income Tax Law

所得割
income levy, income basis, income factor
income factor

仕訳
journal entry

新株予約権
stock option

申告期限
filing due date

申告期限の延長
filing extension

申告書
income tax return

審査請求
request for an appeal

人的役務の提供
personal services

推定課税
assessment with presumption

ストックオプション
stock option

税額計算書
tax calculation sheet

税額控除
tax credit

税額控除限度額
limitation of the tax credit

請求書
invoice, bill

清算結了
the completion of liquidation

清算人
liquidator

税制改正
tax reform

税制改正大綱
outline of tax reform proposal,
tax reform proposal

税制改正法案
tax reform act,
tax reform bill

税務権限代理証書
power of attorney and declaration of
representative

税務署
national tax office

税務上
for tax purpose

税務署長
director of the tax office

税務調査
tax audit,
tax examination

税務調査官
tax auditor, tax examiner, tax inspector

税務調整項目
tax adjustment items

税務当局
tax authority

生命保険料控除
deduction for life insurance premiums,
insurance deduction

生命保険料控除証明書
payment certificate of life insurance
premium

税率
tax rate

成立する
enact

施行される
be effective

節税／タックスプランニング
tax saving, tax planning

全世界所得
worldwide income

送金
remit

単語集

送金事実を示す書類
documents indicating any cash transfers to
the dependent

相互協議
mutual agreement procedures

相殺する
offset against, be netted against

増資
capital injection,
capital increase

相続税
inheritance tax

相続税法
Inheritance Tax Law

総費用営業利益率
return on total costs

贈与税
gift tax

遡及的な
retroactive

遡及適用
retrospective application

組織再編成
reorganization, restructuring

租税回避
tax avoidance

租税回避防止規定
anti-abuse rule, anti-avoidance rule

租税公課
taxes and dues

租税条約
tax treaty

租税条約に関する届出書
Application Form for Income Tax
Convention

租税特別措置法
Special Measures,
Taxation Law

損益計算書
income statement

損金経理した数
amount expensed for accounting purposes

損金算入（可否）
tax deductiblity of ~

損金算入限度額
deductible limit

損金算入できる
be deductible

損金不算入
not deductible（from taxable income）,
non-deductible ~

た

第三者割当増資
third-party allocation of shares, issue shares
not pro rata to shareholders

貸借対照表
balance sheet

退職給与
retirement payment

退職給与引当金
retirement allowance reserve,
disallowed reserve for retirement allowance

退職金
retirement allowance

退職所得
retirement income

代表取締役
representative director

大法人
large corporation

耐用年数
useful economic life

タックスヘイブン対策税制
anti-tax haven taxation measures

建物
buildings

建物付属設備
equipment attached to buildings

単年度損益
taxable income/loss before deductions

地方税
local tax

地方法人税
local corporate（income）tax

中間申告
interim corporate income tax return

中間納付
interim payments

264

中小法人
SMEs, small and medium enterprises

帳簿価額
book value

直接・間接的に
directly or indirectly

賃貸契約書
lease agreement

通算する
net against,
offset against ~

付替費用
cost reimbursement

定額法
straight line method

低価法
lower of cost and market method

定款
articles of incorporation

定期同額給与
fixed compensation

提出期限
due date

(申請書を) 提出する
file (a tax return)

定率
flat (tax) rate

定率法
declining balance method

適格 (合併)
tax qualified (merger), tax-free (merger)

適格居住者
qualified resident

(〜の) 適格要件
requirement for qualified ~,
conditions for qualified ~

適正価格
arm's length price

適用される
apply,
to be applicable

電子通信利用役務の提供
supply of digital services

当期
this (the) fiscal year

登記簿謄本
registry of corporation

同族会社
family corporation

同族会社の行為計算否認
anti-tax avoidance rule for a family
corporation

登録免許税
registration tax

特定口座
designated brokerage account (*Tokutei-Koza*)

特定口座年間取引報告書
annual statement for "Designated
Brokerage Account"

特定資産譲渡等損失損金算入制限
built-in-loss limitation, restriction of
utilization of built-in-loss

特定同族会社
special family corporation

特典の制限
limitation of benefit (LOB)

特別清算
special liquidation

独立価格比準法 (CUP法)
comparable uncontrolled price (CUP)
method

独立企業間価格
arm's length price

土地建物
land and buildings

都 (道府県) 民税
metropolitan (prefectural) inhabitant tax

取消し, とりやめ
revocation

取締役会議事録
directors' meeting minutes,
minutes of directors' meeting

取引単位営業利益法 (TNMN)
transactional net margin method (TNMM)

な

内国法人
domestic corporation

二国間事前確認
bilateral APA（BAPA）

日本支店（外国法人の）
Japanese branch (of a foreign company)

認識する
recognize

年間取引報告書
annual statement

年末調整
year-end adjustment

納税管理人
tax agent

納税期限
payment due date

納付書
payment slip

は

売却
sale, disposal

配偶者控除
spouse deduction,
exemption for spouses

配偶者特別控除
special spouse deduction,
special exemption for spouses

配当（金）
dividend

配当控除
credit for dividends

配当所得
dividend income

売買契約書
purchase agreement, sales agreement

パススルー
pass-through

破たん
insolvent

罰金
fines

発行済株式数
the number of shares issued, total number
of issued shares

払込金額
raised capital

非永住者
non-permanent resident

比較対象取引
comparable transactions

非課税売上
non-taxable sales

非課税取引
non-taxable transaction

被合併法人
disappearing company (entity),
merged corporation (entity)

引当金
allowances, reserve

非居住者
non-resident

非上場会社
unlisted company

非上場株式
non-listed shares,
shares in unlisted company

非適格合併
non-tax qualified merger

非同族会社
non-family corporation

費用
cost, expense

評価性引当金
valuation allowance

〜評価損否認
disallowed valuation loss of 〜

標準税率
standard tax rate

費用負担
allocation cost

付加価値割
added value levy, value added factor

復興特別所得税
special income tax for reconstruction

不動産
real property, real estate

不動産化体法人
real estate rich company

不動産取得税
real estate acquisition tax

不動産所得
rental income

不動産の賃貸料等
real property rent

不動産売買契約書
purchase and sale agreement of real estates

不納付加算税
additional tax for non-payment

扶養控除
exemption for dependents

分割
corporate split

分割型分割
separation-type of corporate demerger

分割契約書（計画書）
demerger agreement

分割承継法人
transferee entity

分割法人
transferor entity

分社型分割
subsidiary-type of corporate demerger

分配可能額
distributable amount

分離課税
taxed separately,
separately assessed

ベリー比率
the berry ratio

法人税
（national）corporate income tax

法人税確定申告書
corporate income tax return

法人税等調整額
deferred tax expense

法人税法
Corporate Income Tax Law

法人税法上の
corporation tax purposes

法人税法施行令
Corporate Income Tax Law Enforcement
Order

法人税割
corporation levy

法定実効税率
statutory tax rate

法定準備金
legal reserve

法定償却方法
statutory depreciation method

保有割合
ownership ratio

ま

マイナンバー
"My Number"

マイナンバーカード
"My Number" card

マイナンバー通知書
notification of My Number

マネジメントフィー
management fee

見込納付
estimated payment

見込納付額
estimate payment

未収金
receivable

見積り
fee quote

みなし共同事業要件
deemed joint business requirements

みなし配当
deemed dividend

未払金
payable

未払費用
accrued expense

未払法人税
income tax payable

民法
Civil Law

無償減資
reducing share capital without cash
payment

無対価合併
no consideration merger

免税売上
exempt sales

267

単語集

免税点
tax exemption point

や

役員賞与
directors' bonus

役員退職給与
directors' retirement payment

役員報酬
directors' fee,
directors' compensation,
directors' remuneration,

有価証券
securities

有利発行
issue of shares at under value

要件
conditions,
requirements

予定申告
interim corporate income tax return

ら

ライセンス契約書
license agreement

リース期間定額法
lease period straight-line method

利益
profit,
income

利益指標
profit indicators

利益準備金
legal retained earnings

利益剰余金
retained earnings

利益積立金額
retained earnings for corporate income tax
purposes

利益分割法
profit split method（PSM）

利益連動給与
profit- based compensation

利子
interest

利子所得
interest income

利子税
interest tax

留保金課税
taxation for undistributed retained earnings
of corporation

領収書
receipt

累進（税）率
progressive（tax）rate

連結決算
consolidated financial reporting

連結納税
consolidated tax filing system

連結納税申告
consolidated tax return

ロイヤリティ契約書
royalty agreement

268

［執筆者紹介］

Sam Reeves（サム・リーブス）

デロイトトーマツ税理士法人　ディレクター

Sam Reeves is a Tax Director working at Deloitte Japan. He has over 15 years' experience providing tax management, compliance and technology related services. Sam was born and educated in the UK and has spent almost half of his career in Japan and Singapore. Sam has a degree in Computer Science from the University of Nottingham in the UK and has completed UK certified tax practitioner and project management examinations.

デロイトトーマツ税理士法人 ディレクター。タックスマネジメント・IT関連のサービスに15年以上，そのうちほぼ半分を日本とシンガポールにて従事。UK出身，UKノッティンガム大学コンピューターサイエンス学部卒業。UKのcertified tax practitioner及びproject management試験合格者。

中島　礼子（なかじま　れいこ）

デロイトトーマツ税理士法人　税理士

M&A，グループ内組織再編成を中心とする総合税務サービスに従事。

主な著書：『そうだったのか！税法条文の読み方』（2013年），『税効果会計における「税率差異」の実務』（2014年），『出国税のしくみと手続きQ&A』（2015年），『スクイーズアウトの法務と税務』（2015年），『インセンティブ報酬の法務・税務・会計』（2017年）（いずれも共著，中央経済社）。

小林　誠（こばやし　まこと）

デロイトトーマツ税理士法人　税理士

2006年慶応義塾大学総合政策学部卒業。2010年税理士登録。外資系証券会社での勤務を経て，2009年デロイト トーマツ税理士法人へ入所。2017年6月よりDeloitte Tax LLP. ニューヨークオフィスへ出向中。

主な著書：『会社税務ハンドブック（第4版）』（共著，中央経済社，2015年），『詳解 連結納税Q&A（第8版）』（共著，清文社，2015年），『M&Aを成功に導く 税務デューデリジェンスの実務〈第3版〉』（共著，中央経済社，2016年）。

すぐに使える！
税務の英文メール

2017年12月10日　第1版第1刷発行
2024年12月30日　第1版第11刷発行

著　者　Sam Reeves
　　　　中　島　礼　子
　　　　小　林　　誠
発行者　山　本　　継
発行所　㈱中央経済社
発売元　㈱中央経済グループ
　　　　パブリッシング

〒101-0051　東京都千代田区神田神保町1-35
電話　03（3293）3371（編集代表）
　　　03（3293）3381（営業代表）
https://www.chuokeizai.co.jp
印刷・製本／昭和情報プロセス㈱

ⓒ2017
Printed in Japan

＊頁の「欠落」や「順序違い」などがありましたらお取り替えいた
　しますので発売元までご送付ください。（送料小社負担）
ISBN978-4-502-23411-8　C3034

JCOPY〈出版者著作権管理機構委託出版物〉本書を無断で複写複製（コピー）することは，
著作権法上の例外を除き，禁じられています。本書をコピーされる場合は事前に出版者著
作権管理機構（JCOPY）の許諾を受けてください。
　JCOPY〈https://www.jcopy.or.jp　eメール：info@jcopy.or.jp〉